プログラミングがわかる本

必ず知っておきたいプログラミングの教養書

日向俊二●著

- 本書の内容についてのご意見、ご質問は、お名前、ご連絡先を明記のうえ、小社出版部宛文書（郵送または E-mail）でお送りください。
- 電話によるお問い合わせはお受けできません。
- 本書の解説範囲を越える内容のご質問や、本書の内容と無関係なご質問にはお答えできません。
- 匿名のフリーメールアドレスからのお問い合わせには返信しかねます。

本書で取り上げられているシステム名／製品名は、一般に開発各社の登録商標／商品名です。本書では、™ および ® マークは明記していません。本書に掲載されている団体／商品に対して、その商標権を侵害する意図は一切ありません。本書で紹介している URL や各サイトの内容は変更される場合があります。

はじめに

　プログラミング教育が小学生から必修化されるなど、いまやプログラマ以外の「普通の人」にとってもプログラミングの重要性は増しています。そのような中で、「ロボットを動かす」というような、理解しやすいものの、プログラミングの重要な概念のごく一部だけに焦点が当てられる傾向が顕著になっているともいえます。しかし、プログラミング教育で重要なことは、プログラミングに不可欠なさまざまな基礎概念を学ぶことです。

　本書は、プログラムの最も基本的な概念から、現代の主流であるオブジェクト指向プログラミングやネットワーク、AI（人工知能）まで、プログラミングというものを知るために必要なことを詳しくわかりやすく、そしてできるだけ具体的に説明します。本書を通読すれば、「プログラミングってなに？」「プログラムはどうやって動くの？」「プログラムはどうやって作るの？」などの疑問に、深い理解のもとに適切に答えられるようになるでしょう。

　本書では、単に概念の説明にとどまらず、修得が平易なプログラミング言語であるPythonやJavaScriptと、最も本質的なプログラミング言語であるC言語とC++言語を使って、必要に応じて具体的にプログラムを説明しているので、実際のプログラムの真の姿を垣間見ることもできます。とはいえ、本書の内容を理解し、プログラミングの基礎知識を得るために、実際のプログラミングに深入りする必要はありません。掲載しているプログラムコードは「実際のプログラムではどうなるか」ということを示している単なるサンプルとして眺め、本書全体は読み物として読んで楽しんでください。

　アプリと呼ばれることもあるプログラムを使った経験がなければ、プログラミングの真の理解は困難です。そこで、本書の内容は、文書やメールの作成、あるいはインターネットでの情報の検索などに、パソコンやタブレットなどを使っていることを前提としています。しかし、それ以上の知識や経験はなくてもかまいません。

　本書は、プログラミング教育に携わる方々だけでなく、プログラマやSEになろうと

している人や、ソフトウェア関連業務の指導的立場にある方々にも最適なプログラミングの教養書です。本書でプログラミングとプログラムについて深く理解すれば、さまざまな疑問に適切な解答を得られるようになるでしょう。本書でプログラミングに関するとても重要なことを知ることによって、あなたの世界を広げてください。

■ 本書の表記

[...] 書式の説明において [と] で囲んだものは省略可能であることを示します。

 本文を補足するような説明や、知っておくとよい話題です

 特に重要なことです。

 特定の項目についてのある程度まとまった補足説明です。

 プログラミングに焦点を当てた 4 択問題です。解答は付録 A にあります。

■ ご注意

- 本書の内容は本書執筆時の状態で記述しています。将来、ソフトウェアのバージョンが変わるなど、何らかの理由で記述と実際とが異なる結果となる可能性があります。
- 本書は特定のプログラミング言語の習得を目標とするものではありません。本書はプログラミングというものを理解するための書籍です。特定のプログラミング言語を習得したい場合や、プログラムを実行してみたい場合は、それぞれのプログラミング言語の入門書を参照してください。
- 本書のサンプルコードの中には断片的なプログラムコードが含まれています。断片的なプログラムコードをそのまま実行することはできません。

■ 本書に関するお問い合わせについて

本書に関するお問い合わせは、sales@cutt.co.jp にメールでご連絡ください。

なお、お問い合わせは本書に記述されている範囲に限らせていただきます。特定の環境や特定の目的に対するお問い合わせ等にはお答えできませんので、あらかじめご

了承ください。

　お問い合わせの際には下記事項を明記してくださいますようお願いいたします。

氏名：
連絡先メールアドレス：
書名：
記載ページ：
問い合わせ内容：
操作環境：

目次

はじめに iii

第 1 章 **はじめてのプログラミング** 1
   1.1   プログラミングとは 2
   1.2   さまざまなプログラム 5
   1.3   プログラミングを修得するメリット 31

第 2 章 **コンピューターとプログラム** 35
   2.1   インタープリタとコンパイラ 36
   2.2   マシン語とプログラミング 41
   2.3   ライブラリ 47

第 3 章 **アルゴリズムとデータ構造** 51
   3.1   アルゴリズム 52
   3.2   アルゴリズムの例 56
   3.3   計算可能性 62
   3.4   正当性 66
   3.5   計算量 68
   3.6   データ構造 74

第 4 章 **プログラミング言語** 81
   4.1   言語と言語仕様 82
   4.2   値 84
   4.3   文と式 89
   4.4   演算子 91
   4.5   実行制御 97
   4.6   その他の要素 105
   4.7   イベント駆動型プログラム 108

第5章 関数とライブラリ ... 111

- 5.1 手順の整理と作業の分割 ... 112
- 5.2 サブルーチン ... 116
- 5.3 関数 ... 119
- 5.4 ライブラリ ... 122

第6章 オブジェクト指向 ... 127

- 6.1 プログラミングとオブジェクト ... 128
- 6.2 クラスとオブジェクト ... 130
- 6.3 オブジェクト指向プログラミング ... 133

第7章 ネットワークとAI ... 143

- 7.1 ネットワーク ... 144
- 7.2 セキュリティー ... 150
- 7.3 AI ... 152

第8章 プログラミングのお仕事 ... 157

- 8.1 いろいろな職業 ... 158
- 8.2 プログラミングの習得方法 ... 161
- 8.3 プログラミング言語の選択 ... 164
- 8.4 プログラミングの未来 ... 167

付録 ... 171

- 付録A 問題解答 ... 172
- 付録B 参考リソース ... 179

索引 ... 181

はじめてのプログラミング

ここでは、具体的な例を見ながら、プログラミングというものの概要を把握します。

1 はじめてのプログラミング

1.1 プログラミングとは

　最初に、プログラミングという言葉について大まかに理解しておきましょう。プログラミングの意味や範囲などの詳細は本書全体を通して知ることができます。

■ プログラミングとは

まず初めに、次の一つの重要なことを認識しておきましょう。

　　プログラミングとは、プログラムを作ることです。

当たり前のことのようにも思えますが、

- プログラムとは何か？
- プログラムはどのように作るのか
- プログラムはどのように動かすのか

などがわかれば、プログラミングというものを理解できることを、「プログラミングとは、プログラムを作ることです」という文は意味しています。
　この章では、「プログラムとは何か？」に焦点を当てます。

　ここでは、「プログラムを作る」という文は広い意味でとらえる必要があります。
　「何か」を作るということには、計画し、作り方を考え、作るための準備を行い、そしてその「何か」を作り、さらに作ったものに問題がないか検査して必要なら修正し、使い続けるためにメンテナンスすることまでが含まれます。ここでいう「プログラムを作る」は、このような広い意味でとらえる必要があります。とはいえ、詳細は本書を読み進むにつれておいおいわかるので、今の段階では単純に「プログラミングとは、プログラムを作ること」と理解しておいてください。

1.1 プログラミングとは

■ 日常生活とプログラム

　プログラムというものは特別なものではありません。私たちは日常生活の中でもプログラムというものに接しています。

　たとえば、音楽会や運動会で配られるプログラムをみて、私たちは何をどのような順番でやるのか、ということを知ります。このような、「行うこととそれを行う順番」を書き留めたもの、あるいはその記述された内容をプログラムといいます。

　もし運動会のプログラムがなかったとしたら、綱引きに出る人もパン食い競争に出る人も、いつ準備をして競技に参加したらよいのかわからないでしょう。

　オーケストラの演奏会で、聴衆はプログラムを見て次に演奏される曲の作曲者と曲名を知ることができます。そして、実際に楽器を演奏をするオーケストラの奏者にとっては、プログラムはさらに重要です。もしプログラムがなかったら、次にどの楽譜でどんな音から演奏を始めればよいのかわかりません。

　このように、プログラム、すなわち「行うこととそれを行う順番」を記載したもの、あるいはその記述された内容は、日常生活でもとても重要であることがあります。

■ コンピューターのプログラム

　コンピューターのプログラムも同じです。プログラムとは、「行うこととそれを行う順番」を記載したもの、あるいはその記述された内容です。ただし、コンピューターのプログラムの場合、何かを行うのは、コンピューターです。

　コンピューターは、自分自身で目的に沿った手順を考えて実行することはできないので、「行うこととそれを行う順番」を指示されなければ何もできません。そのため、コンピューターを利用するためにはプログラムが必要になります。

AI（Artificial Intelligence、人工知能）を活用したシステムでは、実行することを人間が細かく指示しなくてもコンピューターが実行すべきことを判断して実行するものもありますが、「コンピューターが実行すべきことを判断して実行する」ことを決める方針や基本的な実行の方法は、やはり人間が指示しなくてはなりません。AIについて詳しくは第7章で取り上げます。

また、現在のところ、コンピューターは人間の言葉をそのままでは理解できないので、「行うこととそれを行う順番」の指示は、コンピューターに理解できる言葉で行う必要があります。コンピューターが理解できる言葉にはいくつかのレベルがあり、人間の言葉に近いものを高水準言語、コンピューターが直接理解できる言葉に近いものを低水準言語といいます。これらについてはあとで説明します。

 人間が話した言葉でコンピューターやコンピューターを組み込んだシステムが動作する時代になりつつありますが、そのように動作させるためには、やはりコンピューターが理解できるプログラムが必要です。

■ コーディング

　プログラミングとは、「行うこととそれを行う順番」を決めて記述することです。この「行うこととそれを行う順番」を決めて記述することを、コーディング（coding）といいます。

　初期のコンピューターの頃には、文字通り「行うこととそれを行う順番」を決めて「記述」していました。コーディング用紙という紙に、「行うこととそれを行う順番」を一定の約束に従って筆記用具で書き込んでから、いくつかの方法でその指示をコンピューターに伝えていました（パンチカードや紙テープなどという紙製品が使われていました）。

　現在では、プログラムを紙に書くことは普通はありませんが、代わりにキーボードから入力したり、マウスで操作して、コンピューターが「行うこととそれを行う順番」を決めてコンピューターに指示します。このコーディング作業がコンピュータープログラミングの実際の作業です。

問題 1-1

次のうち、間違っているものを選んでください。
　A. プログラミングとは、プログラムを作ることである。

B. 行うこととそれを行う順番を書き留めたものをプログラムという。
C. 行うこととそれを行う順番を記述した内容をプログラミングという。
D. 行うこととそれを行う順番を決めて記述することをコーディングという。

1.2　さまざまなプログラム

　コンピューターはプログラムに従って動作します。ここでいくつかの例でその実際の様子を見てみましょう。ここではいくつかのプログラムコードを示しますが、コードの内容を覚えたり詳細を深く理解する必要はありません。プログラムコードというものがどのようなものかということがわかれば十分です。

■ ウェブページのプログラム

　現代では、インターネットでさまざまなウェブページ（ホームページとかサイトと呼ばれることもある）を閲覧することが日常的な行為になっています。

　ここで、一つの例として、単に「こんにちは」と表示することを考えてみましょう。次のような内容のテキストファイル hello.txt を作って保存するとします。

```
こんにちは
```

　このファイルをウェブブラウザ（ウェブページを表示するアプリ）にドラッグ＆ドロップすれば、意図通りに表示されることもありますが、ウェブブラウザの種類によっては表示されない場合もあります。

ドラッグ＆ドロップとは、マウスや指先などで対象を選んで、目的の場所まで引っ張って行って目的の場所に置く（落とす、drop）ことです。

単に「こんにちは」という内容のファイルが必ずしも意図通りに表示されない理由は、コンピューターにとって、「こんにちは」という内容だけでは、指示されている意味が不明確だからです。「こんにちは」だけでは、それを表示したいのか、英語に翻訳したいのか、あるいはその言葉を表す画像（イメージ）を表示したいのか、コンピューターには判断できません。

ウェブブラウザに「こんにちは」と表示したければ、ウェブブラウザというアプリにそのことがわかるようにしなければなりません。そこで、次のような内容のファイルを作成して hello.html という名前にして保存します。

```
<html>
  <body>
    <p>こんにちは</p>
  </body>
</html>
```

この hello.html という名前で保存したファイルをウェブブラウザにドラッグするか、ファイル名をダブルクリックすると、ウェブブラウザに「こんにちは」と表示されるはずです。

このような、<html> や <body>、<p> などを使って表現したものを HTML（HyperText Markup Language）文書といいます。

これは広い意味では一種のプログラムであるといえますが、技術者は普通は HTML ファイルを文書（ドキュメント）とみなします。ウェブサイトにおける文字通りのプログラムについては、このあとで説明します。

<html> や <body>、<p> および </html> や </body>、</p> は、ウェブブラウザに内容を正しく理解させるためのタグと呼ぶものです。<html> と </html>、<body> と </body>、<p> と </p> はそれぞれ対になって次のような意味を持ちます。

基本的なHTMLのタグ

タグ	意味
`<html>`	`</html>` までの内容が HTML 文書であることを表す。
`<body>`	`</body>` までが HTML の本体であることを表す。
`<p>`	`</p>` までが段落（paragraph）であることを表す。

しかし、ここで HTML の詳細を知る必要はありませんし、タグの意味を覚える必要もありません。ここで重要なことは、タグと呼ぶものでウェブブラウザというアプリがこの HTML 文書を解釈するべき方法を指示しているという点です。

> **COLUMN**
>
> **HTML 文書を試してみるには**
>
> 実際に上の内容のファイルを作ってウェブブラウザに表示してみたい場合は、上の内容をテキストファイルとして作成して、hello.html というファイル名で保存してから、そのファイルをウェブブラウザで開きます。
>
> なお、どのブラウザでも文字化けなどが発生しないで意図した内容がきちんと表示されるようにするためには、次のように内容を少し追加して UTF-8 という種類の文字で保存する必要があります。
>
> ```html
> <!DOCTYPE html>
>
> <html>
>   <head>
>     <meta charset="utf-8" />
>     <title>こんにちは</title>
>   </head>
>   <body>
>     <p>こんにちは</p>
>   </body>
> </html>
> ```
>
> `<meta charset="utf-8" />` は、使っている文字の種類をウェブブラウザに指示するためのタグです。

1 はじめてのプログラミング

　このような HTML を使ったウェブページは、インターネットが登場したばかりの頃は、常に同じ内容が表示されるだけでした。しかし、現在ではその時の状況によって適切な内容が表示されたり、ウェブページを閲覧している人が検索した結果を表示することなど、さまざまなことができます。

　このような変化する内容を表示したり閲覧者から情報を得てそれに対応する内容を表示することができるシステムを実現するためのプログラムには、大きく二つに分類すると、次の 2 種類があります。

- ウェブページに表示する内容を提供するサーバー側で実行されるプログラム
- ウェブページを閲覧するクライアント側で実行されるプログラム

　ここではクライアント側のプログラムを見てみましょう。

　次に、単に「こんにちは」と表示するだけではなく、次の図に示すように、そのウェブページを表示した日付を表示するようにしてみましょう。

こんにちは

今日の日付は 27 日です。

図1.1●日付を表示する例

　このように表示するために、次のように日付を表示する文字の中に埋め込むことを考えるかもしれません。

```
<html>
  <body>
    <p>こんにちは、今日の日付は27日です。</p>
  </body>
</html>
```

しかし、これでは 27 日以外の日にこのウェブページを見たときにも、「こんにちは、今日の日付は 27 日です。」と表示されてしまいます。

正しい日付を表示するためには、閲覧者がこのウェブページを見たときに、言い換えると、コンピューターがこのウェブページを表示するときに、その日の日付を表示しなければなりません。

そのためには次のような内容の HTML ファイルを作成してウェブブラウザに表示するようにします。

```
<html>
  <body>
    <p>こんにちは</p>
    <p>今日の日付は
      <script language="JavaScript">
        d = new Date();
        document.write(d.getDate());
      </script>
      日です。
    </p>
  </body>
</html>
```

少々複雑ですが、前に示した HTML ファイルに対して追加したものは次の

```
<p>今日の日付は
  <script language="JavaScript">
    d = new Date();
    document.write(d.getDate());
  </script>
  日です。
</p>
```

という部分だけです。

HTML では、<p> と </p> に挟まれている文字列は基本的にはそのまま表示されます。

しかし、その中にあっても <script language="JavaScript"> と </script> に挟まれているものは、プログラムであることをウェブブラウザに示しています。このタグの「language="JavaScript"」は、ここで使うプログラミング言語（プログラムを表現するための言葉）が JavaScript であることを示します。

プログラムを表現するための言葉をプログラミング言語といいます。プログラムはプログラミング言語を使って作成します。

この場合、<script language="JavaScript"> と </script> に挟まれている内容がプログラムなので、実行されるプログラムは次の部分です。

```
d = new Date();
document.write(d.getDate());
```

最初の「d = new Date();」は、「現在の日時を d というところに保存しなさい」というウェブブラウザに対する命令です（ウェブブラウザはアプリなので、実際に何かするのはコンピューターです）。

次の「document.write(d.getDate());」は、d に保存されている現在の日時から日付だけを取り出して、現在の HTML ドキュメント（document、文書）に書き込みなさい」という命令です。より単純に言い換えると、現在の日付を表示しなさいという意味になります。

ここで重要なことは、二つの命令（指示）が実行されて、そのときの日付が表示されるということです。

コンピューター側からいえば、二つの指示（命令）を実行して、そのときの日付を表示します。

これは、まさに「行うこととそれを行う順番」を記載したものであり、つまりこれが実際のプログラムです。

> **COLUMN**
>
> ### より完璧な JavaScript を含む HTML 文書
>
> どのウェブブラウザでも意図通りに表示できるようにしたより完璧な JavaScript を含む HTML 文書は次の通りです。
>
> ```
> <!DOCTYPE html>
>
> <html lang="ja" xmlns="http://www.w3.org/1999/xhtml">
> <head>
>   <meta charset="utf-8" />
>   <title>こんにちは</title>
> </head>
> <body>
>   <p>こんにちは</p>
>   <p>今日の日付は
>     <script language="JavaScript">
>       <!--
>         d = new Date();
>         document.write(d.getDate());
>       -->
>     </script>
>     日です。
>   </p>
> </body>
> </html>
> ```
>
> `<!--` から `-->` までは HTML のコメント（注釈）とみなされます。これは JavaScript をサポートしていない（JavaScript が実行できない）場合に JavaScript のプログラムをコメントとみなして、何も表示しないためのテクニックです。

現実のウェブページでは、普通はもっとずっと複雑なことをしていますが、基本的な考え方は同じです。

次に、これとはまったく異なる姿のプログラムを見てみましょう。

1 はじめてのプログラミング

■ 物を動かすプログラム

　こんどはこれまでとはまったく別の方法を使って、画面上で亀（カメ、タートル）を動かすプログラムを見てみましょう。

　初心者に比較的わかりやすいプログラミング言語に、Python というプログラミング言語があります。

　Python には、タートルグラフィックスという面白い機能が組み込まれています。タートルグラフィックスを利用すると、カメが動き回るプログラムを通して、Python の基本的な事項と簡単なプログラムの実行のしかたを楽しみながら学ぶことができます。

> **COLUMN**
>
> **タートルグラフィックス**
>
> 　タートルグラフィックスは、Logo というプログラミング言語に導入されたもので、プログラムの動作を眼で見て直観的に理解しやすいという性質を持っています。これは、プログラミングを視覚的に容易に理解できるようにするための考えられたものです。タートルグラフィックスは、Logo 以外にも Python や Small Basic などいくつかのプログラミング言語に組み込まれています。

　タートルグラフィックスを十分に活用するには、あとの章で説明するオブジェクト指向の概念を理解する必要がありますが、遊んでみるぶんには難しく考える必要はありません。ここでは、初心者でもできる範囲でプログラミングの一つの側面を覗き見てみましょう。

　最初に Python を起動します。

Python は一つのアプリとして動作します。Python のプログラムは、Python のインタープリタ（第 2 章で説明）というアプリの中で実行します。ここで説明することを Python で実際に実行してみたい場合は「付録 参考リソース」の Python に関する資料を参照してください。

Pythonが起動すると、Pythonのメッセージと一次プロンプトと呼ばれる「>>>」が表示されます。これがPythonのインタープリタ（インタラクティブシェル）のプロンプトです。

```
Python 3.7.0 (v3.7.0:1bf9cc5093, Jun 27 2018, 04:59:51) [MSC v.1914 64 bit (AMD64)] on win32
Type "help", "copyright", "credits" or "license" for more information.
>>>
```

プロンプト（>>>）は、ユーザーからの入力を待ち受けます。この場合、Pythonのインタープリタで命令を実行することはプログラムを実行することにほかなりません。そのため、ここでユーザーと呼んでいるのは、プログラムを実行させるひと、つまりプログラマです。

タートル（亀）を表示するには、Pythonインタープリタを起動して、次のように入力します。

```
>>> import turtle
>>> kame=turtle.Turtle()
>>>
```

しばらくすると、次のようなウィンドウが表示されます。

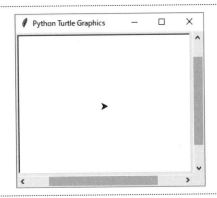

図1.2●タートルグラフィックスのウィンドウ

　中心に表示されたものがタートル（カメ、Turtle）です。実際にはカメの形をしていませんが、あとでカメらしい形に変更することができます。

　最初の「`import turtle`」は、turtleという名前のモジュールと呼ぶものを読み込みます。ここではタートルグラフィックスを使うために必要な準備作業であると考えてください。

　次の「`kame=turtle.Turtle()`」は、タートルを作成してそれにkameという名前を付けています（技術的には、Turtleのインスタンス（Turtleオブジェクト）を作成してその参照を変数kameに保存するといいます。第6章で説明します）。このコードが実行されると、ウィンドウが開いて、その中央にタートルを表す三角形が表示されます。

　次に、この三角形をカメらしい形にしましょう。次の行を入力します。shapeは「（何らかの）形にする」という動詞です。ここではshape('turtle')でカメの形にします。

```
>>> kame.shape('turtle')
```

　これで、三角形がカメの形になります。

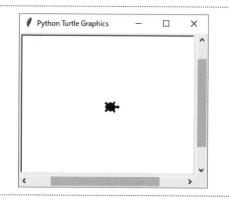

図1.3●タートルを表示した状態

 kameというもの（オブジェクト）に対して、「形状をカメの形にする」という指示を与えるような命令を、メソッドといいます。メソッドについては第6章で説明します。

　これら3行のプログラムは、ただウィンドウを表示して中央にタートルを表示するだけのものです。

```
>>> import turtle
>>> kame=turtle.Turtle()
>>> kame.shape('turtle')
```

　しかし、これでも立派なプログラムであることには間違いありません。また、「行うこととそれを行う順番」を書き留めたものでもあります。

　このプログラムは単にタートルを表示するだけの単純なものです。これだけでは面白くないので、さらに命令を追加してみましょう。

　タートルがウィンドウの中央に表示されている状態で、次の命令を入力してみましょう。

```
>>> kame.forward(100)
```

ちなみに、これまでの流れは次のようになります。

```
>>> import turtle
>>> kame=turtle.Turtle()
>>> kame.shape('turtle')      # ここまでは入力済み
>>> kame.forward(100)
>>>
```

「#」はコメントの開始記号で、「#」より右側はコメント（注釈）として解釈されます。

ウィンドウの中のカメが、右に 100 ピクセル移動するはずです。

図1.4●カメが右に100ピクセル移動した状態

「kame.forward(100)」は、カメを前に移動する（forward）という意味で、（と）の中の 100 は移動距離を表しています。この例のように、命令の言葉の後の（と）の中に指定する値を引数といいます。

さらにカメを動かしてみましょう。次の二つの命令は、カメの向きを左に 90 度向きを変えてから、前に 100 だけ移動するコードです。

```
>>> kame.left(90)
>>> kame.forward(100)
```

ウィンドウの内容は次のようになります。

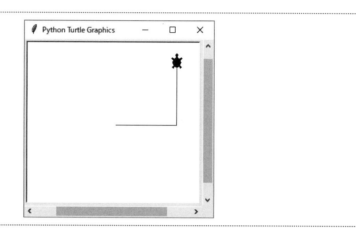

図1.5●カメをさらに移動した状態

これまでのプログラムを実際に入力する部分だけ取り出して、次のような形式で表現することもできます。

```
import turtle
kame=turtle.Turtle()
kame.shape('turtle')
kame.forward(100)
kame.left(90)
kame.forward(100)
```

このような命令を並べた表現を、「プログラムリスト」、「ソースコードリスト」または単に「リスト」ともいいます。

この例では、kameというもの（オブジェクト）に対してleft()という新しい命令を使いましたが、Turtleには、ほかにも命令があります。このような、オブジェクト

の動作を指示する命令をメソッドと呼びます。Turtle のうち、簡単に使える主なメソッドを表 1.1 に示します。

表1.1●Turtleのメソッド（一部）

メソッド	機能
forward(distance)	カメを distance だけ前へ移動します。
back(distance)	カメを distance だけ後ろへ移動します。
right(angle)	angle で指定された角度でカメを右に回転します。
left(angle)	angle で指定された角度でカメを左に回転します。
circle(r)	半径 r でカメに円を描かせます。
undo()	一つ前の操作を取り消します。
home()	カメをウィンドウの中心に戻します。
clear()	それまでに描かれたカメの軌跡を消します。

これらのメソッドを使って、次のようなプログラムを作りましょう。

- カメを表示する
- カメを 100 だけ前に移動する
- カメの進行方向を左に 90°に曲げる
- カメを 100 だけ前に移動する
- カメの進行方向を左に 60°曲げる
- カメを 200 だけ前に移動する
- カメの進行方向を右に 90°曲げる
- カメを 100 だけ前に移動する

```
>>> import turtle
>>> kame=turtle.Turtle()
>>> kame.shape('turtle')
>>> kame.forward(100)
>>> kame.left(90)
>>> kame.forward(100)
>>> kame.left(60)
```

```
>>> kame.forward(200)
>>> kame.right(90)
>>> kame.forward(100)
>>>
```

プログラムの実行結果は次のようになります。

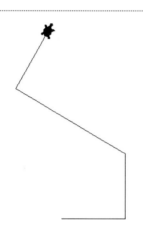

図1.6●やや複雑なカメの動き

このプログラムをソースリストにしたものを示すと次のようになります。

```
import turtle
kame=turtle.Turtle()
kame.shape('turtle')
kame.forward(100)
kame.left(90)
kame.forward(100)
kame.left(60)
kame.forward(200)
kame.right(90)
kame.forward(100)
```

これまでの例では、カメが動いたとおりに線が描かれます。この状態ではいわゆる一筆書きの図しか書けません。しかし、カメには「ペン」というオブジェクト（もの）があります。

カメはいつも「ペン」を持っていて、それを下げて移動するとカメが移動した通りに線が描かれ、ペンを持ち上げて移動すると線が描かれない、と考えることもできます。

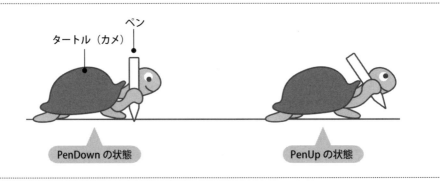

図1.7●タートルのペンのイメージ

このペンを上げて移動すると線が描かれず、ペンを下げて移動すると線が描かれます。ペンはいつでも上げ下げできるので、ペンを上げて移動し、再びペンを下げて移動するとカメが動いた軌跡に線を引くことができます。

turtleの命令（メソッド）のうち、ペンの上げ下げに関連するメソッドをさらに2種類、次の表に示します。

表1.2●turtleのメソッド（追加）

メソッド	機能
pendown()	ペンを下して、カメが動作した通りに描くことができるようにする。
penup()	ペンを上げて、カメが動作した通りに描くのを停止する。

次の一連の動作をプログラムとして記述してみましょう。

- カメ（turtle）を表示する
- カメを 100 だけ前へ移動する
- カメ（turtle）の進行方向を 60°右に曲げる
- カメ（turtle）のペンを上げる
- カメを 100 だけ前へ移動する
- カメ（turtle）の進行方向を 60°右に曲げる
- カメ（turtle）のペンを下げる
- カメを 100 だけ前へ移動する
- カメ（turtle）の進行方向を 60°右に曲げる
- カメ（turtle）のペンを上げる
- カメを 100 だけ前へ移動する
- カメ（turtle）の進行方向を 60°右に曲げる
- カメ（turtle）のペンを下げる
- カメを 100 だけ前へ移動する

Python のインタープリタで実行するときには次のようにします。

```
>>> import turtle
>>> kame=turtle.Turtle()
>>> kame.shape('turtle')
>>> kame.forward(100)
>>> kame.right(60)
>>> kame.penup()
>>> kame.forward(100)
>>> kame.right(60)
>>> kame.pendown()
>>> kame.forward(100)
>>> kame.right(60)
>>> kame.penup()
>>> kame.forward(100)
>>> kame.right(60)
```

```
>>> kame.pendown()
>>> kame.forward(100)
>>>
```

実行結果は次のようになります。

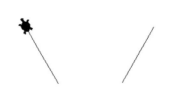

図1.8●カメのペンを上げ下げして描いた例

プログラミングの初歩の学習では、ロボットなどをプログラムで動かすことをよく取り上げますが、ここで示したカメをロボットに置き換えれば、やっていることは全く同じです。

 画面に表示することとロボットを動かすことは違うことのように思うかもしれませんが、技術的には、表示するためのインターフェースを使って表示装置（画面）に表示するか、ロボットを動かすためのインターフェースを使ってロボットを動かすかの違いだけで、プログラムとしての本質は同じです。なお、ここでのインターフェースの意味は、表示装置やロボットといった装置とコンピューターをつなぐものという意味です。

ここではPythonのタートルグラフィックスというものを使ったプログラムを見てきました。これもプログラムの一つの形態です。プログラムとは、「行うこととそれを行う順番」を書き留めたものであるということを再確認しておきましょう。

COLUMN: プログラムと英語

　上の例では、カメ（Turtle）を表示（show）したり前へ移動（forward）しましたが、これを日本語で次のように表現できるプログラミング言語もないわけではありません。

```
カメ.表示()
カメ.前へ移動(100)
```

　しかし、プログラミングの世界の標準となっている自然言語は英語です。英語を母国語としない欧州やインドの人たちも、みな英語を使っています。そして、プログラミングで使うたくさんの物事は平易な英語で表現されるのが普通です。また、プログラミングに関する最新のドキュメント（文書）は英語で書かれることが多く、日本語に翻訳されていなかったり、翻訳が提供されるのが遅くなったりすることがあります。

　このような事情から、プログラミングを理解しようとしたら平易な英語に慣れて使うようにするほうが良いでしょう。難しい英語は必要ありません。あくまでも平易な英語（プログラミングでよく使われる単語や初歩の英文法）だけで十分です。

1 はじめてのプログラミング

■ やや高度なプログラム

　プログラミングの世界ではとても有名なプログラムがあります。それは「Hello worldプログラム」と呼ばれています。それは、次のような形式をしています（カーニハン、リッチー著「プログラミング言語C」初版による）。

```
main()
{
    printf("hello, world\n");
}
```

　これはC言語（Programming Language C）の最も単純なプログラムの例です。

　C言語は広く普及しているプログラミング言語の一つです。現在、いろいろな分野で広く使われているプログラミング言語の中では歴史が比較的長く、標準化が進み、さまざまなシステムで実行可能な形にして実行できるプログラミング言語です。また、標準化が進んだ比較的単純なプログラミング言語であるため、プログラミング教育にも適しています。

　さて、先ほど示したプログラムをもう一度見てみましょう。

```
main()
{
    printf("hello, world\n");
}
```

　最初の「main()」はこのプログラムで最初に実行されるブロックであることを表しています。このブロックは次の行の「{」から、最後の行の「}」までです。C言語のこのような名前（この場合はmain）が付けられたブロックを関数といいます。

　「main()」がこのプログラムで最初に実行されるブロックであるのは、そのように決められているからです。コンピューターの中で実際に実行されるように変換されたプログラムコード（マシン語コード、後述）では、この「main()」にある最初の行から、

{ } の中の命令が実行されます。

この場合、実行される { } の中の命令は、ただ一つです。

```
printf("hello, world¥n");
```

これは、( ) の中の文字列「hello, world¥n」を表示（print）する命令です。

 「hello, world¥n」の ¥n は改行を意味します。この単純なプログラムでは、改行があってもなくても大差ありませんが、改行を付けたほうが見た目が良くなるので入れてあります。

実は、先ほど示したプログラムリストは少々古い形式であり、現代の C 言語では一般的には次のようにします。

```
/*
 * hello.c
 */

#include <stdio.h>

int main (int argc, char *argv[])
{
    printf("hello, world!¥n");

    return 0;
}
```

C 言語では /* で始まり */ までの部分はコメントであり、この場合は「これは hello.c という名前です」という意味で書いておきましたが、コメントは人間だけに意味があり、コンピューターは無視します。いいかえると、コメントはプログラムの実行に影響を与えません。

次の「#include <stdio.h>」は、あとで print() という関数を使うための準備ですが、この段階ではこのような「#include 〜」は、C 言語のプログラムをうまく動かすためのおまじないと思っていれば十分です。

先ほど示したプログラムでは「main()」だけでしたが、「int main (int argc, char *argv[])」のようにすると、プログラムが開始するときと終了するときにプログラムを起動するためのプログラム（OS、後述）に値を渡したり受け取ったりすることができますが、今の段階では単にそういうものがある程度に理解しておけば十分です。

「printf("hello, world!¥n");」のあとの空の行はプログラマだけに意味がある、プログラムを見やすくするための空行です。

「return 0;」は OS に値 0 を返します（一般的にはこの値は無視されますが、main の前に int というものを付けたので形式的に必要になります）。

しかし、これらの細かいことは、あまり気にしなくてかまいません。ここで注目したいことは、次の二点です。

第一に、これも、「行うこととそれを行う順番」を書き留めたものであることです。

第二に、ここでは単に「hello, world!」と表示するだけのことしかしていませんが、「ウェブページのプログラム」や「物を動かすプログラム」のような特定の場所や特定の目的のために使われるのではなく、C 言語のプログラムはさまざまなシステムでさまざまな目的に使うことができる汎用のプログラミング言語であるという点です。そのため、Turtle や document は出てきません。

 Python もさまざまな用途に使うことができるプログラミング言語ですが、「物を動かすプログラム」では、タートルグラフィックスだけに焦点を当てました。

■ さらに進んだプログラム

C 言語から生まれた C++ 言語というプログラミング言語があります。C++（「C プラスプラス」と読む）は、いわゆるオブジェクト指向プログラミング言語の一つです（「第 6 章 オブジェクト指向」で説明します）。しかし、そんなことは気にしないで、とりあえず次に示す C++ の最も基本的なプログラムの例を見てください。

```cpp
/*
 * sample.cpp
 */
#include <iostream>
#include <string>

class Dog {                             // Dog クラスの定義
public:
    std::string name;      // 名前
    int age;               // 年齢

    Dog(std::string dogname, int dogage)    // Dog オブジェクトを作る
    {
        name = dogname;
        age = dogage;
    }

    void print() {                          // Dog の情報を出力する
        std::cout << "名前=" << name
            << " 年齢=" << age << std::endl;
    };

};

int main(int argc, char* argv[])
{
    Dog *pochi = new Dog("ぽち", 5);         // 「ぽち」を作成して情報を表示する
    pochi->print();
```

```
    getchar();

    return 0;
}
```

これを実行すると、次のように表示されます。

```
名前=ぽち　年齢=5
```

　このプログラムはちょっと長いですが、C++ は C 言語から生まれたので、大半は C 言語と同じです。この C++ のプログラムも、先ほど見た C 言語の知識に少し新しいことを加えただけと考えることができます。

　C 言語の説明の時に /* から */ まではコメント、「#include ～」は、プログラムをうまく動かすためのおまじないであると説明したので、最初の 4 行はそういう類のものと思ってください。

```
/*
 * sample.cpp
 */
#include <iostream>
#include <string>
```

　続く「class Dog」の { から }; までは、クラスの定義といいます（クラスについては（「第 6 章 オブジェクト指向」で詳しく説明します）。

　ここでは、Dog（犬）クラスを定義して、名前と年齢を保存し、それを出力（print）するために必要なことを記述しています。

```
class Dog {
public:
    std::string name;    // 名前
    int age;             // 年齢
```

```
    Dog(std::string dogname, int dogage)
    {
        name = dogname;
        age = dogage;
    }

    void print() {
        std::cout << "名前=" << name
            << " 年齢=" << age << std::endl;
    };

};
```

このクラスの定義には、データ（この場合は name や age）と操作や処理を行うためのコード（この場合は Dog(...){...} と print( ){...}）が含まれます。簡単にいえば、name に名前のデータを保存し、age には年齢の情報を保存します。そして、print() を実行することで名前と年齢を表示するようにしてあります（「std::cout <<」は何かを表示するような場合に使いますが、今の段階では詳細は気にしなくてかまいません）。

このクラス定義があるので、main() の中では「ぽち」という名前の 5 歳の犬のオブジェクトを作ってその情報を表示することができます。

```
int main(int argc, char* argv[])
{
    Dog *pochi = new Dog("ぽち", 5);

    pochi->print();

    return 0;
}
```

「Dog *pochi = new Dog("ぽち", 5);」は、「ぽち」というプログラミング上の

「もの（オブジェクト）」を作成し、「pochi->print();」が「ぽち」のデータ（名前と年齢）を表示するために実際に実行されるコードです。つまり「ぽち->情報表示();」とみなしても構いません。

思い出してください。タートルグラフィックスでは、次のようなコードでカメを前に移動しました。

```
kame.forward(100)
```

「pochi->print();」もこれに似ています（記号 . と -> が違うだけで形式は同じです）。

「kame.forward(100)」のときには、forward() を定義しないで使いましたが、それはほかの人が既に定義したものを使っているためです（それを使うために「import turtle」という命令を実行する必要があったのです）。

ここでは、Dog クラスに自分でデータと print() を定義して使いましたが、誰かほかの人が作ったものを利用するのでなければ、このようなクラス定義を自分で行う必要があります。

さて、ここで重要なことは、プログラムとして記述するのは「行うこととそれを行う順番」だけではなく、目的のことを行うために必要なことがらも書き留めることがあるという点です。ここでは、目的のことを行うために必要なことがらとは、犬の名前と年齢を表すクラスというものを定義することでした。

タートルグラフィックスを教えていて、もし「kame.forward(100) でなぜカメが前に進むの？」と訊かれたら、上に示した Dog クラスを思い出しながら「誰かが作ってくれた forward() があって、それを利用しているからだよ」と答えてください。

プログラムが長くて少し難しくなりましたが、今の段階では細かいことを気にする必要はありません。ただ、プログラムの実際の姿がこれまでに示したようなものであることと、プログラムが「行うこととそれを行う順番」を書き留めたものであり、と

きには目的のことを行うために必要なことがらも書き留めることがあるという点だけは忘れないでください。

問題 1-2

次のうち、正しいものを選んでください。
  A. ウェブページにはプログラムを使っても今日の日付は表示できない。
  B. Pythonのプログラムでは、カメの図形を動かしながら線を描くことができる。
  C. C言語の「`printf("hello, world¥n");`」は、計算式である。
  D. Pythonで `kame.forward(100)` を実行するとカメが前に進む理由は、`forward()` という命令を自分で作ったからである。

1.3 プログラミングを修得するメリット

プログラミングの修得には、さまざまなメリットがあります。

■ 日常生活や日常業務

さまざまな情報を集計・分析したり報告書を書いたりするときで、特にたくさんの処理を繰り返し行わなければならないようなときには、プログラムが威力を発揮します。たとえば、一連の特定の言葉を一つの言葉に統一しなければならないことがあります。そのような場合、一つの言葉だけを置換するなら単純ですが、たくさんの言葉をたびたび統一するような膨大な処理を一気に行うときにはプログラム（マクロともいう）を作っておけば特に便利です。

■ プログラミング的思考

　プログラミングとは、目的を達成するために、現象を分析し、問題を解決する方法を組み立てる作業です。この作業を通して、思考力、判断力、表現力などを伸ばすことができます。

　ベテランのプログラマは、作成するプログラムの構造や組み立て方をいちいち紙に描いたりしなくても、頭の中で整理してプログラムとして作成することができます。この能力が身に着くと、さまざまなことに応用することができます。たとえば、はじめて取り組むことでも、それを達成するために必要なことを整理し、それを実現するための順序や手順を整理して取り組んでみて、問題があればその原因を突き止めて解決するというプログラミングで必要になる能力を生かすことができます。

■ プログラミングと性格

　作成したプログラムが思い通りに動かなかったり予期しない結果をもたらしたりした場合、問題の原因（プログラミングではバグといいます）を突き止め修正することは、ときにはとても困難で時間がかかりますが、そうしたことを繰り返すことによって合理的な問題解決能力が高まります。また、そうした経験から忍耐強くなれるということも考えられます。

■ プログラミングのお仕事

　プログラミングをマスターすれば、職業選択の範囲が広がることは言うまでもありません。プログラミングを専門に行うプロのプログラマだけでなく、ビジネスや製造現場でもプログラミングの能力を役立てることができます。この傾向は今後ますます強まるでしょう。「第10章 プログラミングのお仕事」で詳しく取り上げます。

■ 趣味

　プログラミングは、それを仕事にするばかりではなく、趣味としても取り組むこともできます。プログラミングは比較的費用の掛からない趣味といえます。PCが1台あ

れば、必要な開発環境はフリー（無料）のものを使うことができます。

　趣味として、知的好奇心を満足させることができるだけでなく、趣味的にプログラムを作って、それを何らかの形で収入に結び付けることで利益を上げている人たちもいます。

■ デメリット

　物事には必ず良い面と悪い面がありますが、プログラミングも例外ではなく、もちろんデメリットもあります。たとえば、長時間、休息も取らずにプログラミングに没頭すれば、目も悪くなり健康にも良くないでしょう。プログラミングに夢中になって他のことがおろそかになれば、それはそれで問題です。しかし、これらのデメリットは注意深く行動することで避けることができます。

問題 1-3

次のうち、間違っているものを選んでください。
- A. 趣味でプログラミングを楽しんでいる人もいる。
- B. プログラミングを学ぶと、目的を達成するために、現象を分析し、問題を解決する方法を組み立てる能力が身につく。
- C. プログラミングをマスターすれば、プログラマになる以外にも職業選択の範囲が広がる。
- D. プログラミングをすることにデメリットは何もない。

コンピューターとプログラム

　第1章ではいくつかの具体的なプログラムの例を見てみましたが、この章ではそれらが実際にコンピューター上で動作する仕組みを見てみましょう。

2 コンピューターとプログラム

2.1 インタープリタとコンパイラ

　プログラミング言語は、大き分けるとインタープリタ言語とコンパイラ言語の二つに分けることができます。ここでは、インタープリタとコンパイラについて解説します。

■ インタープリタ

　第1章でタートルグラフィックスの例を示したPythonは、それ自体で一つのアプリとして動作します。

　Pythonが起動すると、Pythonのメッセージと一次プロンプトと呼ばれる「>>>」が表示されます。

```
Python 3.7.0 (v3.7.0:1bf9cc5093, Jun 27 2018, 04:59:51) [MSC v.1914 64 bit (AMD64)] on win32
Type "help", "copyright", "credits" or "license" for more information.
>>>
```

　これはPythonというアプリが動作していることを示します。

　Pythonのプロンプトに対してプログラムコードを入力すると、その入力されたプログラムコードに応じた動作をします。たとえば、「2+3」というコードを入力すると、次のように5という結果が表示されます。

```
>>> 2 + 3
5
```

　また、「>>>」に対して次のように入力してタートル（カメ）を表示しておいて

```
>>> import turtle
>>> kame=turtle.Turtle()
>>>
```

「kame.forward(100)」を入力すると、カメの絵が右に100ピクセルだけ移動します。

この「2+3」や「kame.forward(100)」は、入力するとそのままコンピューターの内部にあるCPU（Central Processing Unit、中央演算処理装置）という装置で実行されるのではなく、Pythonというアプリの中で実行されます。

このPythonのような、プログラムを実行するアプリをインタープリタといいます。

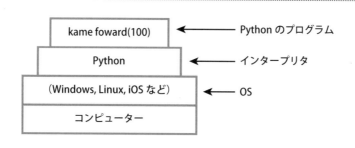

図2.1●インタープリタ

 上の図に示したように、多くの場合にOSという層をはさんでいますが、装置に組み込んだコンピューターのプログラムのような小規模なプログラムなどではOSを使わない場合もあります。

インタープリタ言語で作ったプログラムは、インタープリタ上で単に入力するか、一連のプログラムコードに対して「実行」や「run」などのコマンドを実行したりプログラムファイルをインタープリタに読み込ませることで実行することができます。このとき、インタープリタは、人間が作成したプログラムをコンピューターで実行できるように、コンピューターが理解できるコードに1行ずつ解釈（interpret）します（詳しくは後で説明します）。

いずれにしろ、人間が作成するプログラムコード（たとえば「2+3」や「kame.forward(100)」）が直接コンピューターに取り込まれて実行されるわけではないという点は重要です。

主にインタープリタで実行することを前提として作られているプログラミング言語を、インタープリタ言語といいます。インタープリタ言語は、わかりやすく、実行方法も単純であるように作られています。

■ コンパイラ

一方、C言語やC++の場合は、最初に「print("hello, world¥n")」のようなプログラムコードが含まれているプログラムファイルを作成します。このファイルをソースプログラムファイルまたはソースファイルといいます。

そして、ソースファイルをCPUが実行可能なファイルに変換します。このときのソースプログラムファイルを実行可能ファイルに変換するためのプログラムをコンパイラといいます。

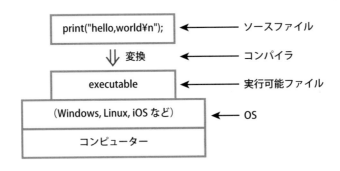

図2.2●コンパイラ

実行可能ファイルは、コンピューターが読み込んで実行することができるファイルです。

　この場合でも、人間が作成するプログラムファイルが直接コンピューターに取り込まれて実行されるわけではないという点は重要です。コンパイラを使う前提で作られているプログラミング言語は、コンパイルという作業をとおしてCPUが理解できるコードに変換してから実行します。

実行可能ファイルを executable file といい、Windows（32ビット以上）の場合にはそのファイル拡張子は exe にするという決まりがありますが、システムによっては実行可能ファイルの名前の約束は異なります。

　コンパイラを使うプログラミング言語でプログラムを作成して実行するための流れは次のようになります。

　プログラマが作成したり編集するC言語やC++言語（以下、C/C++）のソースプログラムファイルは、テキストファイルです。プログラマは、最初にソースファイルをエディタで作成・編集します。

　次にこのソースファイルをコンパイラでコンパイルします。よく使われるコンパイラのコマンドは gcc や g++、cc、cl.exe などです。

　たとえば、gcc を使ってC言語のソースファイル hello.c をコンパイルするときにはOS上で次のようなコマンドを実行します。

```
gcc -o hello hello.c
```

　こうして生成された実行可能なプログラムファイルを実行します。

ここでコンパイルと呼んでいるのは広い意味のコンパイルで、ビルドとも言います。広い意味のコンパイルには、プリプロセス（前処理）、コンパイル（マシン語への変換）、リンク（モジュールやライブラリの結合）などの作業が含まれます。

図で示すと次のようになります。

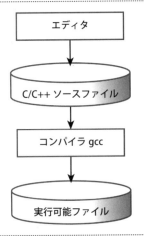

図2.3●C/C++プログラムのコンパイル手順の例

主にコンパイラでコンパイルしてから実行することを前提として作られているプログラミング言語を、コンパイラ言語といいます。コンパイラ言語は、プログラムの実行時の速さやリソース（資源、CPUやメモリーなど）の使用効率を高めることを目的として開発されています。

> **問題 2-1**

次のうち、間違っているものを選んでください。
- A. プログラムを実行可能ファイルに変換するアプリをインタープリタという。
- B. インタープリタに式や命令を入力して結果を得ることができる。
- C. C 言語のソースファイルは、コンパイラでコンパイルして実行可能なプログラムファイルを生成することができる。
- D. 実行可能なプログラムファイルは OS 上で実行することがある。

2.2 マシン語とプログラミング

　コンピューターの中心部にある CPU が直接扱うことができる値はゼロと 1 です。これは数で表すと 2 進数になります。いいかえると、CPU は 2 進数の値を理解することしかできません。2 進数だけでプログラムを表すことは不可能ではありませんが、2 進数だけで表現したプログラムは人間にとってはきわめてわかりにくいので、現実的ではありません。そこで、人間にとってよりわかりやすいプログラミング言語が使われます。

■ CPU が扱う値

　コンピューターの中心部には、CPU（Central Processing Unit）または MPU（Micro Processing Unit）と呼ばれるプロセッサがあります。このプロセッサが通常直接扱う値は、ゼロと 1 のいずれかです。これは「電圧が高い」と「電圧が低い」という二つの状態に対応しています。

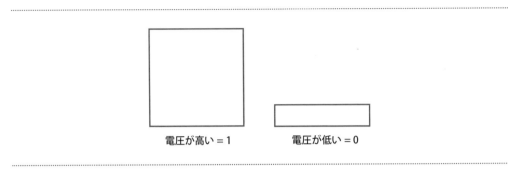

電圧が高い = 1　　電圧が低い = 0

図2.4●ゼロと1の状態

　このゼロと1だけでは、二つの状態しか表せません。そこで、この状態を組み合わせて、数桁の数として表します。これが2進数です。

　1桁の2進数で表すことができるのはゼロと1の2種類の値だけですが、2桁の2進数では、次の4種類の値を表すことができます。

　　00、01、10、11

　これは整数で表せば0～3の値に対応させることができます。この2桁の2進数を2ビットの数といいます。

　4桁の2進数の場合、0000～1111までの16種類の値を表すことができます。4ビットで表現できる数は、正の整数の場合、0から15までです。

　さらに8ビットで表現できる数は、正の整数の場合、0から255までです。16ビットなら0～65536までの数を、32ビットなら0～4294967296までの数を表すことができます。

　CPUは原則としてこのような2進数の整数値だけを直接理解できます。そこで、実行されるプログラムは2進数で表現されます。

浮動小数点数プロセッサ（FPU）のように、実数を直接扱うことができる場合もありますが、その場合は実数は一定の2進表現の形式（一般的には浮動小数点数と呼ばれる形式）に変換されます。

■ アセンブリ言語

コンピューターの命令は数桁の 2 進数で表されます。

たとえば、PC で最も多く使われてきた 80x86 ファミリーの CPU で、AH レジスタと呼ばれる CPU 内部の場所に値 2 を保存するという CPU の命令コードは次のとおりです。

```
10110100 00000010
```

これは 2 進数の数値で表現したコンピューターの命令です。この命令は、よりわかりやすいように 16 進数で表現することもできます。上の例の場合、16 進数で表現すると次のようになります。

```
B4 02
```

2 進数は 16 進数で表しても値としては同じ値です。そのため、実行可能なプログラムコードは、16 進数で表した値が集まっているものと考えることもできるわけです。

実行可能なプログラムコードを 2 桁の 16 進数で表現したもの、たとえば「B4 02」のような情報として表現できるものが、実行可能なプログラムコードの実態であるといえます。

コンピューター（CPU）が実際に扱うこの値のことをマシンコードともいいます。16 進数で表現したこのコードは、2 進数の値の表現を変えただけなので、コンピューターの CPU にとっては解釈して実行しやすい命令です。しかし、数値で表現されているため、プログラマにとってはわかりにくいものです。

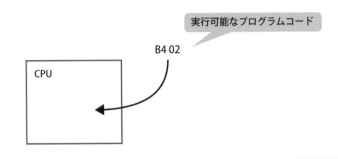

図2.5●CPUが実行するコード

そこで、人間にとってよりわかりやすいプログラミング言語が必要になります。

ここで、実行可能なプログラムコード「B4 02」を、よりわかりやすく表現することを考えてみましょう。

「B4 02」の最初のB4はAHレジスタに値を移動するという命令コードでした。そこで、B4というコードを「mov ah, x」という表現に置き換えてみます。この場合、「mov」は、移動する（movE）という英語を短縮した表現です。B4というコードを「mov ah, x」という表現に置き換えると決めておき、次に移動する値を記述すると決めておけば、B4 02を次のように表現しても意味は変わりません。

```
mov ah,02
```

これは「B4 02」をそのまま別の表現に置き換えたものですが、「B4 02」よりもずっと理解しやすくなりました。

このように、16進数の命令コードとよりわかりやすい表現との間に一定の規則を定めておけば、16進数のコードをよりわかりやすい表現に置き換えることができます。このあらかじめ決めた規則に従った表現でマシンコードを記述したプログラムをアセンブリ言語プログラムといいます。

アセンブリ言語プログラムのことをアセンブラと呼ぶことがありますが、本来、アセンブラはアセンブリ言語プログラムをマシン語に変換するためのプログラムのことです。

アセンブリ言語は、「B4 02」という単なる数値の羅列よりはわかりやすいですが、それでも実用的なことを何かしようとすると、かなりの手間がかかります。

たとえば、1に5を加えてその結果を表示するプログラムを、考えてみましょう。PythonやC言語をはじめとする高級言語ならば、「print(1 + 5)」（Pythonの例）や「printf("%d", 1+5)」のような文を使うでしょう。しかし、アセンブリ言語プログラムではレジスタと呼ぶ特別な場所に直接値を入れて操作します。次のリストは、1+5の結果を表示するアセンブリ言語のプログラムの例ですが、数値1に5を加算（add）するためにDLレジスタと呼ぶCPU内部の保管場所を使い、さらに結果として得られた6を文字コードにするために30hを加算するためにもDLレジスタを使っている例です。

```
    mov   dl,1       ; DLに1を移動する
    add   dl,5       ; DLの値に5を加える
    add   dl,30h     ; DLの値を数の文字コードにする
    mov   ah,02      ; DLの文字を出力する準備
    int   21h        ; DLの文字を出力する
```

簡単なことをするだけでもとても面倒で直感的にはわかりにくいと感じることでしょう。

このようなマシンに近い言語を、低水準言語といいます。

さまざまな装置に組み込まれた制御用の小さなコンピューターの場合や、特に高速で実行させたいプログラム部分などは、アセンブリ言語で作成することがあります。

■ 高水準言語

　アセンブリ言語プログラムでプログラムを作ることはできますが、とても手間がかかり、大規模なプログラムでは実用的ではないので、通常は、アセンブリ言語より人間により親しみやすいプログラミング言語でプログラムを作成します。このようなより人間に近いプログラミング言語を、高水準言語または高級言語などと呼びます。第1章で紹介した、JavaScript、Python、C言語、C++は、いずれも高水準言語です。

　高水準言語で作られたプログラムは、これまでに説明してきた通り、インタープリタで解釈されて実行されたり、コンパイラで変換されてコンピューターで実行されます。このとき、高水準言語のプログラムは、インタープリタやコンパイラなどを使って、最終的にはCPUが理解できるマシン語に置き換えられます。

問題 2-2

　次のうち、間違っているものを選んでください。
　　A. コンピューターの心臓部ともいえるCPUが直接扱える値は2進数だけである。
　　B. アセンブリ言語（アセンブラ）は、日常の会話に使う自然言語に似ている。
　　C. プログラミング言語の命令は、比較的平易な英語で表現することが多い。
　　D. C言語やC++は、高水準言語である。

2.3 ライブラリ

　ほとんどの場合、プログラムの実行に必要なことを、プログラマがプログラムとしてゼロからすべて作るのではなく、あらかじめ作ってある機能を利用します。

■ BIOS と OS

　画面に文字を表示したりキーボードの入力を受け付けるなど、多くのプログラムが使う極めて基本的なプログラム部分は、BIOS と OS が提供します。

　BIOS（Basic Input/Output System）は、通常はコンピューターの基板にあるメモリーに保存されているプログラムで、キーボードやマウス、画面への出力などの基本的な機能を提供します。また、次に説明する OS をメモリーに読み込んで起動する働きもあります。

　OS（Operating System）は、アプリを起動したり、メモリー管理やグラフィックス、ネットワークなどの基本的な機能を提供します。

　これら BIOS や OS は、特定の機能を実現するために、一連のコードをまとめて名前を付け、システムコールや関数と呼ぶものとしてプログラマが利用できるようにします。一般的なプログラマがこれら BIOS や OS が提供する機能を利用するときには、システムコールを利用するか、関数を呼び出します（第 4 章で解説）。

　ここで重要なことは、一般のプログラムは、BIOS や OS が提供する機能を呼び出して使うことができるという点です。たとえば、プログラムで「print('Hello')」としたときに print() という命令が実行されて「Hello」と出力されるのは、BIOS や OS の機能を（ときには間接的に）利用しているからです。

ビット数の少ない小規模な CPU や主に装置に組み込まれる PIC（Peripheral Interface Controller）などでは、BIOS も OS も使わない場合もあります。

■ プログラミング言語のライブラリ

　BIOS と OS が提供するのは、画面に文字を表示したりキーボードの入力を受け付けるなど、極めて基本的な機能です。これらの機能より高度な機能は、ライブラリと呼ぶ一連の機能を提供するものを直接利用します。

　たとえば、C 言語のプログラムで「`printf("Hello");`」を実行するときに `printf()` という関数が実行されますが、この `printf()` の実際のコードはプログラミング言語のライブラリの中にあります。

一般のプログラマは、プログラムを作るときに、あらかじめ作られていて提供されている機能を利用して自分のプログラムの実際の動作に必要なことを実現します。

　一般的に、プログラマはプログラムの詳細すべてをゼロから自分で作るのではなく、プログラミング言語にあらかじめ組み込まれている機能やライブラリを活用してプログラミングを行うのであるという点は、実際的なプログラミングを理解するうえでとても重要なことです。

COLUMN　プログラミングの用語

　プログラミングで使う用語は、使う場所や状況、そしてプログラミング言語によって異なることがよくあります。たとえば、ひとまとめにして呼び出して使えるようにしたプログラムコードのことを、サブルーチンと呼ぶこともプロシージャと呼ぶことも、関数やメソッドと呼ぶこともあります。あるいは、マクロという一つの言葉が、文字列を置き換える機能を指すことも、一連の比較的小さいプログラムを指すこともあります。

　このような状況になった原因の一つは、さまざまなシステムやプログラム（アプリ）、プログラミング言語などがそれぞれ独自に他とは異なるコミュニティーの中で開発されて進化したためで、日常生活の各国語や方言などと同様、しかたがないことといえます。

問題 2-3

次のうち、間違っているものを選んでください。

A. プログラマは、プログラムの全体を詳細にわたってすべて自分で作成しなければならない。
B. BIOS（Basic Input/Output System）は、キーボードやマウス、画面への出力などの基本的な機能を提供する。
C. OS（Operating System）は、アプリを起動したり、メモリー管理やグラフィックス、ネットワークなどの基本的な機能を提供する。
D. プログラミング言語にはその言語固有のライブラリが提供されている場合がある。

アルゴリズムとデータ構造

アルゴリズムはなんらかの問題解決の手順、データ構造は一連のデータを効率的に扱うために記憶装置にデータを保持するときの形式のことです。アルゴリズムとデータ構造は深く関係しています。

3.1 アルゴリズム

　コンピューターは、問題を解決するために自分でその問題の解決方法を考える力はありません。コンピューターができることは、行うべき仕事を指定された手順で実行することだけです。特定の問題を解決するための処理や計算の手順のことをアルゴリズムといいます。コンピューターのユーザーは、コンピューターに対してアルゴリズムを指示しなければなりません。

■ アルゴリズム

　アルゴリズム（Algorithm）とは、特定の問題を解決したり何かを実現するための、明確で実行可能な処理や計算の手順のことです。たとえば、料理の手順を書き記したレシピは、アルゴリズムの一つの表現であるといえます。このレシピに従って料理を作る場合、作業の目標はおいしい料理を作ることであり、料理を作る手順（アルゴリズム）はレシピという形で表現されています。また、たとえば、楽譜もアルゴリズムの一つの表現であるといえます。ベートーベンのピアノソナタの楽譜に従ってピアノを弾くことは、アルゴリズムに表現されている手順を実行していることになります。

楽器演奏の場合は楽譜に書かれていない表現も盛り込みますが、コンピューターのアルゴリズムにはそのような曖昧性はありません。

■ プログラムの流れ方

　プログラムの流れには、順次処理、分岐処理、繰り返し処理という三つの処理方法があります。
　順次処理は、文字通り処理を順番に行うことです。プログラムでは、プログラムコードをインタープリタに入力した順に実行したり、ソースリストとしてエディタでコー

ドを記述した順に実行することを指します。

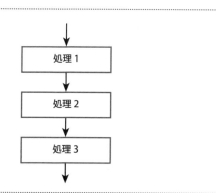

図3.1●順次処理

分岐処理処理では、条件に従って実行する処理を変えます。
プログラミングでは、ある状態が論理的に正しいことを真（true）といい、正しくないことを偽（false）といいます。たとえば、「8と8は同じである」は真ですが、「3と5は同じである」は偽です。この真偽値が条件分岐の判断条件として使われます。

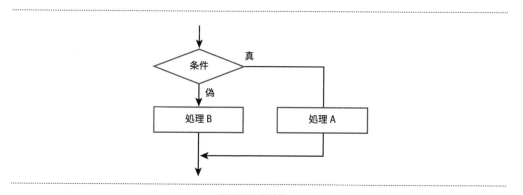

図3.2●分岐処理

上の図で、処理Aまたは処理Bのいずれかはなくても構いません。つまり、条件が真であった場合だけ何かを実行するという処理や、条件が偽であった場合だけ何かを実行するという処理でもかまいません。

繰り返し処理は、何らかの処理を繰り返して実行します。このとき、処理するごとに状態が変わるのが普通ですが、変わらない場合もあります。

 論理値(真／偽あるいは true／false の値)をブール値(Boolean value)とも言います。

繰り返し処理では、真偽値がループの継続条件（終了条件でもある）として使われます。そして、この条件をループの中の最初で判断する方法と、ループの最後で判断する方法があります。

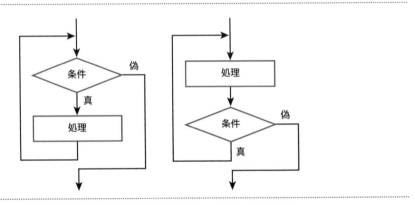

図3.3●繰り返し処理

 図としての表現方法はほかの方法もありますが、ここでは直感的にわかりやすい方法で示しています。

■ アルゴリズムとプログラム

コンピューターが何かを実行するためには、それを実行するためのアルゴリズムが発見されて、コンピューターにとって実行可能な形で表現されなければなりません。コンピューターでは、アルゴリズムは、コンピューターにとって実行可能な形式であ

るプログラムとして表現するのが一般的です。

　ある問題を解決するためのアルゴリズムがなければ、その問題を解決するためのプログラムを作ることはできません。そのため、アルゴリズムを見つけ出すという作業は、コンピューターにとってとても重要なことです。また、アルゴリズムが正しいかどうかということや、効率的であるかどうかということも、無視できない問題です。アルゴリズムが正しく効率的であれば、そのアルゴリズムをもとにして作ったプログラムも正しく効率的であるといえます。したがって、アルゴリズムの発見やその評価は、コンピューターサイエンスの重要な領域です。

■ アルゴリズムの発見

　コンピューターを使って問題を解決するためには、次の二つの作業が必要になります。

1. アルゴリズムを発見する。
2. アルゴリズムをプログラムとして表現する。

　アルゴリズムを発見するためには、その問題を解く方法を発見することが必要です。問題解決の方法を発見することは、コンピューター特有のことではなく、日常生活全般に共通する重要なことです。一般的には、次の手順で問題を解決します。

1. 解くべき問題を明らかにする。
2. 問題を解く方法を計画する。
3. 計画を実施する。
4. 類似のほかの問題にその問題解決の方法を適用できるかどうか評価する。

　プログラムの場合は、これらは次のように置き換えることができます。

1. 実行するべきことを明らかにする。
2. それを実行するために必要な手順を調べてアルゴリズムを決定する。

3. アルゴリズムをプログラムとして表現する。
4. ほかの類似のことにそのプログラムを使用できるかどうか評価する。

ここで注意を払っておきたいことは、一つの問題に対するアルゴリズムは一つだけとは限らないということです。同じ問題を同じ精度で解決するアルゴリズムが複数あるときには、どのアルゴリズムも正しいといえ、必要に応じてそれぞれのアルゴリズムの特徴を比較検討する必要があります。

3.2 アルゴリズムの例

アルゴリズムは数学の分野でその研究が始まりました。数学の分野のアルゴリズムの一つの例として、最大公約数を求めるアルゴリズムを考えてみましょう。

■ 最大公約数を求めるアルゴリズム

二つの正の整数の最大公約数を探すためのユークリッドの互除法（Euclidean Algorithm）のアルゴリズムは、次のような性質を利用します。

> 二つの自然数 a と b について、a を b で割った余り（剰余）を r とすると、a と b との最大公約数は b と r との最大公約数に等しい（ただし a ≧ b とし、a ＜ b の場合は a と b を入れ替える）。

たとえば、1071 と 1029 の最大公約数を求めるものとします。

- 1071（a）を 1029（b）で割った余りは 42（r）。
- 1029（b）を 42（r）で割った余りは 21（r2）。

- 42（r = b）を21（r2 = r）で割った余りは0。
- 従って、最大公約数は21になる。

この性質を利用して、xをyで割った余りをrとし、(yとrの値がy > rになるようにして) yをrで割った余りを次のrとして、……と剰余を求める計算を繰り返すと、剰余が0になった時の除数がaとbの最大公約数になります。

これは次のような図に示すアルゴリズムになります。

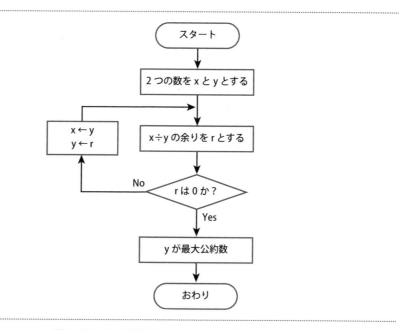

図3.4●最大公約数を求めるアルゴリズム

アルゴリズムの特性は、いったん問題を解くためのアルゴリズムが発見されたら、あとはそのアルゴリズムに従いさえすれば問題を解決できるという点にあります。問題を解くために、そのアルゴリズムが機能する原理を理解する必要はありません。たとえば、最大公約数を求めるアルゴリズムが発見されたら、なぜそのアルゴリズムで解が得られるのかということは考える必要がなく、ただアルゴリズムに従って計算するだけでよいわけです。

コンピューターもまた原理を理解してアルゴリズムを実行するのではなく、単に、指示された手順を実行します。

■ 探索のアルゴリズム

探索アルゴリズムとは、複数の要素の中から特定の値を探し出すアルゴリズムです。探索のアルゴリズムには、線形探索と2分探索があります。

線形探索は、逐次探索または順次探索ともいい、要素を順番に調べてゆくアルゴリズムです。要素が配列に入れられている場合、インデックスを増やしながら各要素を調べます。

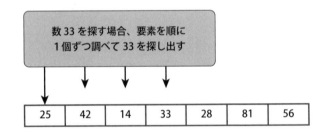

図3.5●線形探索

この探索方法は探索に最大の時間がかかる可能性があります。つまり、探索する値が最後にある場合には、要素数Nに比例する時間がかかります。しかし、事前に要素を並べ替えるなどの準備は必要ありません。

2分探索では、要素をあらかじめ昇順（小さい順）または降順（大きい順）に並べておきます（ここでは、昇順に並べた場合で説明します）。値を並べ替えたら、最初にその中間の値が、探している値より大きいかどうか調べます。中間の値が探している値より大きければ中間より小さな値のグループを、中間の値が探している値より小さければ中間より小さな値のグループを、次の検索の範囲として同じように範囲の中間の値と探している値を比較します。これを繰り返して検索の範囲を狭めてゆき、最終的に探している値に到達します。

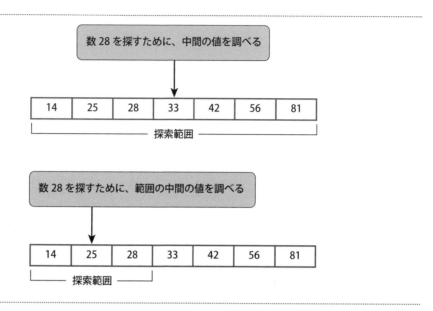

図3.6●2分探索

2分探索では、平均の探索の時間は $\log_2 N$、最大の探索の時間は $\log_2 N + 1$ かかることが知られています。

■ 暗号のアルゴリズム

最も単純な暗号化の方法は、文字を一定の規則に従って別の文字に置き換える方法です。

アルファベットの場合、N番目の文字をN + K番目の文字に置き換えることで、暗号化を行うことができます。たとえば、K = 1の場合、AはBに、dはeに置き換えます。このような方法をシーザー暗号（Caesar chipher）といいます。

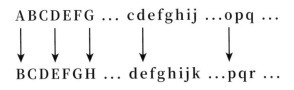
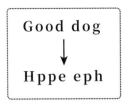

図3.7●シーザー暗号（K = 1）

シーザー暗号はアルファベットを一定の量だけシフトする暗号化の方法ですが、まったく別の変換表を使って文字を置き換えることもできます。たとえば、「ABCDEFG…OPQ」に対して「HNZYJNQ…KML」という文字に置き換えるという変換表を作れば、「GOOD DOG」は「QKKY YKQ」という暗号文になります。

さらには、置換の変換表の代わりに文字列を使うこともできます。たとえば、「GOOD DOG」に対して「ABC」を繰り返した文字列「ABCABC…」という文字列の各文字に対応する数だけ文字をシフトすると、暗号文は「HQREBGPI」になります。

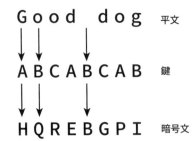

対応する鍵の文字が A ならアルファベットで1文字だけシフトし、B なら 2 文字、C なら 3 文字シフトする。

図3.8●ビジネル暗号

このような暗号化の方法をビジネル暗号（Viginere chipher）といい、この場合の文字列「ABC」を鍵（Key）といいます。

置換による暗号化とその応用は幅広く使われてきた方法であり、暗号化を考えるときの基本です。

■ 圧縮のアルゴリズム ■

圧縮の方法はいろいろあります。方法ごとに、圧縮効果が高くなる場合とそうでない場合があります。

最も単純な圧縮の方法は、ランレングスエンコーディング（run-length encoding）と呼ばれる方法です。これは同じ値のデータが連続する場合に、その値を繰り返さずに、繰り返しの回数と値一つで表現します。簡単な例で示すと、たとえば、「DOOOOG」というデータがある場合、O を 4 回繰り返さずに、「4O」に置き換えて、データを「D4OG」という形で表します。この圧縮方法は、同じデータが連続してたくさん現れるほど圧縮の効果が高くなります。

前のデータと次のデータの違いだけを保存することで、データのサイズを小さくする方法もあります。この方法は、前のデータと次のデータが似ているほど圧縮効率が高くなります。たとえば、映画は 1 秒間に多数のフレームを順に表示することで動きを表現しますが、シーンが変わらない場合、前のフレームと次のフレームの違いがわずかであることがあります。このようなときにこの方法を使うと、データのサイズを大幅に削減することができます。

データのサイズを小さくするための方法として、データが出現する頻度に従ってコード化する方法もあります。この方法は、たとえば、英語の文章の中では、e、t、a、i のような文字が頻繁に出現するのに対して、z、q、x などはあまり出現しないという性質を使います。頻繁に出現する文字には少ないビットを割り当て、めったに出現しない文字には多くのビットを割り当てます。この方法を利用する圧縮方法にハフマン符号化（Huffman encoding）という方法があります。これは、1952 年に David A. Huffman が考案した圧縮のアルゴリズムです。ハフマン符号化は、ファイルや画像の圧縮など、さまざまなところで使われています。

さらに、データの中で繰り返しているパターンを発見して、その情報を利用することで圧縮する方法もあります。これはLempelとZivが発案した方式なので、Lempel-Ziv符号化（Lempel-Ziv coding）といいます。たとえば、「Goods' dog food is good.」という英文があるとします。この英文の中では「ood」が繰り返し使われているので、「Goods' dog f<11,3> is g<8,3>.」のようにコード化します。この中の<11,3>は、その位置より11文字前から、3バイトの文字（「ood」）に置き換えるという意味です。この方法は同じパターンが繰り返し現れるようなデータのときに効果的です。

問題 3-1

次のうち、間違っているものを選んでください。
- A. 特定の問題を解決するための処理や計算の手順のことをアルゴリズムという。
- B. コンピューターはアルゴリズムを指示されなければ動かない。
- C. アルゴリズムはすべて自分で考えださなくても良い。
- D. プログラムは常にソースリストの上から下へと順に実行される。

3.3 計算可能性

アルゴリズムが発見できない問題は、コンピューターでは解決できません。実際に解決できない問題が存在するほかに、計算が無限に続いていくら計算しても計算が終了しない問題もあります。

計算が可能であるかどうかということは専門的な数学上の問題であり、証明が必要です。ここではその詳細は示しませんが解決できない問題があるかどうかについて考察しておくことは重要です。

■ 解決可能な問題

アルゴリズムがある問題は解決できます。たとえば、レシピに従って料理を作ることも、楽譜を見ながら楽器を演奏することもできます。アルゴリズムを表現したレシピや楽譜があるからです。

数を加算したり乗算すること、最大公約数を求めること、数の階乗を計算することなど、これまでみてきた問題は、すべて計算可能で、プログラムとして作ることもできます。多くの問題は計算可能であり、解決の方法がわかっています。

 この場合の計算可能とは、算術計算ができるという意味ではなく、数学的に解が得られるという意味です。

■ 計算できない問題

解決できない問題が存在するという認識は、1930年代に、クルト・ゲーデル（Kurt Gödel）の不完全性定理で明らかにされました。その後多くの数学者が、アルゴリズムが存在しない問題を発見しました。アルゴリズムが存在しない問題は計算することができません。ここで重要なことは、アルゴリズムが見つからないのではなく、アルゴリズムが存在しない問題があることが証明され、そのような問題は計算できないという点です。

計算できない問題には、たとえば、任意のプログラムが停止するかどうか決定する問題（停止問題）や、別々に作られた二つのプログラムがまったく同じである（同じデータを入力したとき同じ結果を出力する）ことを調べる問題（同値問題）があります。

計算を実行できても、計算が終了しない問題もあります。解が有限でない問題は計算が終了しません。たとえば、円周率は、無理数であり、かつ、超越数であることから、小数点以下の桁が無限に続く事が証明されています。そのため、円周率を最後まで計算するという作業は完了しません。コンピューターサイエンスで計算が可能であるということは、有限の時間で計算が完了することです。計算することはできても有限の

時間で計算が完了しない場合は、部分計算が可能であるといいます。

実際に使われているシステムの中には、永久に終了しないことを想定しているシステムがあります。たとえば、ウェブサーバーや航空管制システムなどは、1日24時間、永遠に稼動し続けられることが理想です。このようなシステムは終了しないシステムですが、個々の作業は有限で完了します。たとえば、ウェブサーバーはクライアントからの要求に応じて適切なウェブページを送り返すと、一つの作業を完了します。航空管制システムは、ある航空機が管制空域に入ってきたときから管制空域を出るまでを追跡します。つまり、このようなシステムは、終了しない作業を行っているのではなく、完結する作業を繰り返し実行しているに過ぎません。

■ 困難な問題

計算はできることがわかっているものの、それを素早く解決する方法がわかっていない問題があります。このような問題は、素早く解決するアルゴリズムが見つけられていないだけでなく、素早く解決するアルゴリズムがないことが証明されていない問題です。

その一つは、積み込み問題（bin-picking problem）といいます。これはN個の重さの異なる荷物があり、重さWを運ぶことができるX台のトラックで十分であるかどうか決定する問題です。荷物の重さが異なるので、W以下の重さの荷物の組み合わせはたくさんあります。このたくさんのケースを全部調べれば答えが出ますが、明らかに調べる必要のないケースもあります。たとえば、2個でWを越えるような荷物の組み合わせは調べる必要はありません。そうしたケースを除外して、素早く答えを見つけるアルゴリズムは見つかっていません。

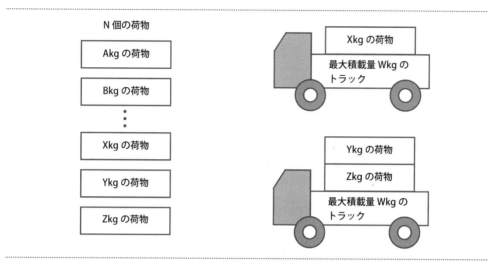

図3.9●積み込み問題

　また、巡回セールスマン問題（travilling salespersons problem）という問題もこの分野で有名な問題です。これは、N個の都市を巡回する最短距離を求める問題です。N個の都市を結ぶ経路すべてを調べれば解が得られるということはわかっています。しかし、都市の数Nが増えると、計算量が膨大になります。そして、あきらかに調べる必要のない、距離が長い経路もあります。そのような経路は省いて、素早く答えを見つけるアルゴリズムを見つけるのは困難です。

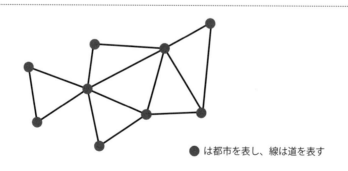

●は都市を表し、線は道を表す

図3.10●巡回セールスマン問題

似た問題で、一つの都市に1回だけ経由する経路があるかどうかを決定するという問題もあり、これはハミルトンの閉路問題（Hamiltonian cycle problem）と呼ばれています。

これらの問題は以前から研究されてきて、現在でも解決が困難な問題です。

このような問題に対する近似解を求める新しい方法として、AIで使われるさまざまな方法が注目されています。

3.4 正当性

発見したアルゴリズムは、それが正しいかどうか評価しなければなりません。これを正当性（Correctness）の評価といいます。

■ 前提条件

アルゴリズムは、それが正しいかどうか評価するために、ある特定の条件を設定する必要があります。この特定の条件を、前提条件（precondition）といいます。この条件が、プログラムの実行の始めに満足させられているという仮定から始めます。

たとえば、名前のソート（並べ替え）のアルゴリズムを調べるときには、データは並べ替えの可能な有限個の名前のリストでなければなりません。これは当然のことのように見えますが、注意を払わなければならない場合があります。その代表的な例が、日本語の漢字による名前の並べ替えです。漢字の名前を並べ替えるときには、漢字の文字コードで並べ替えても期待した結果になりません。正しい並べ替えのためには、ふりがなが必要になります。ふりがながなければ、日本語の漢字による名前の並べ替えは正しく行うことができません。ふりがなを伴ってはじめて並べ替えの可能な名前

のリストになります。

■ アルゴリズムの検証

　発見したアルゴリズムが前提条件のもとで正しいかどうか調べるためには、いくつかの方法があります。

　一つの方法は、数学的にアルゴリズムが正しいことを証明する方法です。この方法は証明ができれば確実で、そのアルゴリズムは正しいといえますが、正しいことを数学的に証明することが難しいことがよくあります。

　別の方法として、あるアルゴリズムを実装したプログラムが正しく機能するかどうか、異なる条件でテストする方法があります。具体的には、さまざまなデータを作ってプログラムを実行してその結果を評価します。この場合、あらゆるデータの組み合わせでテストすることは困難であることが多いという問題があります。しかし、この方法で検証したアルゴリズムは、正しいと信じられるアルゴリズムであるといえます。

　正しいと信じられるアルゴリズムと、正しいアルゴリズムは違います。正しいアルゴリズムは正しいことが証明されていますから、それに基づいたプログラムの結果も正しいと考えることができます。しかし、正しいと信じられるアルゴリズムに基づいたプログラムの結果は、ほとんどの場合に正しいことが期待できますが、常に正しいと考えることはできません。

3.5 計算量

ある問題を解決するために必要な資源の量を計算量といいます。

一つの問題を解決するアルゴリズムが複数あるときには、計算量の少ないアルゴリズムのほうが優れているということができます。

■ ステップ数

コンピューターの中でプログラムという形で実行されるアルゴリズムは、その手順が一つ一つ順に実行されます。手順一つを1ステップとすると、一つの結果を出すまでの手順がN個あれば、Nステップの命令が実行されます。

繰り返しを行うプログラムであれば、繰り返しの数だけステップを繰り返します。たとえば、NステップをN回繰り返すプログラムを実行するためには、N^2のステップを実行する必要があります。

■ ソートの計算量

計算を完了するまでに必要なステップ数を計算量（Computational Complexity）といいます。

ここで、数を並べ替えるプログラムで計算量について考えてみましょう。

データを並べ替えることをソート（Sort、整列）といいます。ソートのための最も原始的な方法は、データを2ずつ取り出しては、2個の値を比較して、小さいほう（または大きいほう）が前になるように値を交換することを繰り返す方法です。この方法を単純交換ソートといいます。単純交換ソートでは、ソートする要素がN個である場合に、要素をN－1回だけ比較して交換することを、N－1回だけ繰り返す必要があります。つまり、比較と交換は (N－1) × (N－1) 回になります。

単純交換ソートでは、交換が行われた最も後ろ以降の値は確定しています。そのため、次の回にはそれ以降の比較交換は必要ありません。従って、不要な比較交換を除くと、

(N − 1) + (N − 2) + (N − 3) + … + 3 + 2 + 1 回の比較交換ですみます。つまり、計算量は (N − 1) + (N − 2) + (N − 3) + … + 3 + 2 + 1 回です。この方法をバブルソート（bubblesort）といいます。

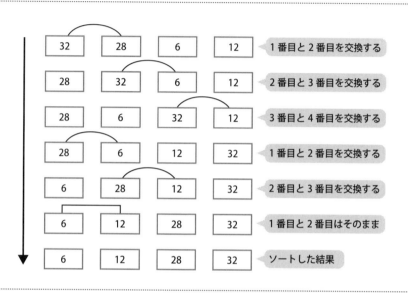

図3.11●バブルソート

アルゴリズムが比較的単純であるにもかかわらず、高速なソートの方法として、クイックソート（Quicksort）という方法があります。

クイックソートのアルゴリズムは次の通りです。

1. ソートする範囲の中から適当な値（基準値、ピボット）を1個選ぶ。
2. ソートする要素を調べて、基準値より小さなデータと大きなデータに分割する。つまり、基準値より小さなデータを配列の左側（配列インデックスの小さい方）に、基準値より大きなデータを配列の右側（配列インデックスの大きな方）に集める。
3. 分割した対象に対して、再帰を使ってさらにクイックソートのアルゴリズムを適用する。

これですべての分割が終ると、ソートは終了しています。

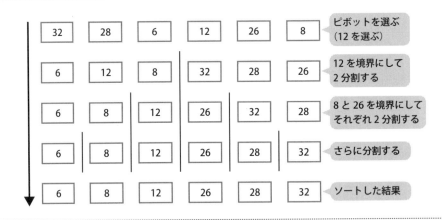

図3.12●クイックソート

クイックソートにかかる計算時間は、元のデータの並び方によって異なります。クイックソートの計算時間は、条件がよければ早いですが、最悪の場合には大変遅くなります。そのため、平均計算量と最悪の場合の最大計算量を考える必要があります。

このほかにも、代表的なソート方法として次のようなソート方法があります。

- 選択ソート：配列の中から大きい順に値を選択していく。
- 挿入ソート：ソート済みの配列に要素を挿入して行く方法でソートする。
- シェルソート：離れた要素に対して挿入ソートを行う。
- ヒープソート：完全二分木（ヒープ）を作成してソートする。
- マージソート：データを二つに分け、それぞれをソートして、ソート済みの配列同士をマージ（併合）する。

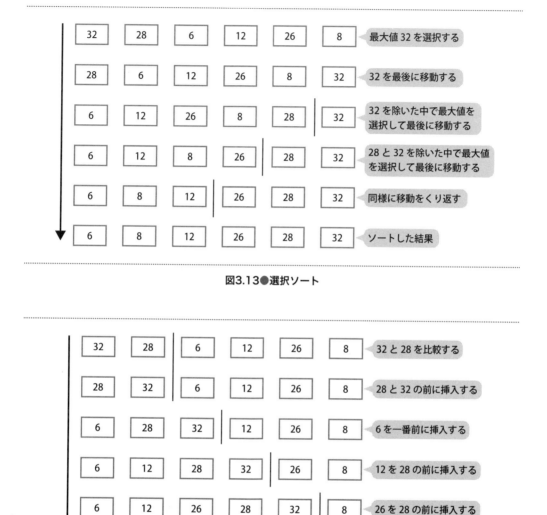

図3.13●選択ソート

図3.14●挿入ソート

これらさまざまなソート方法は、いずれも計算量が異なります。

計算量を表すときには、O(x) という表現が使われることがあります。O はオーダー

もしくはビッグオーと呼びます。これは、データの数が n 倍になると、計算量が O(x) 倍になることを表します。たとえば $O(n \log_2 n)$ はデータ量が n 倍になると $n \times \log(n)$ の定数倍になることを表します。

ソートアルゴリズムは、計算量が $O(n^2)$ である低速アルゴリズムと、計算量が $O(n \log_2 n)$ である高速アルゴリズムに分類できます。ソートするデータ数を 100 にした場合には、それぞれのアルゴリズムの計算量は次のようになります。

高速アルゴリズム：$100 \times \log_2 100 = 644$

低速アルゴリズム：$100 \times 100 = 10000$

表3.1●ソートの計算量

ソートの方法	時間計算量
選択ソート	$O(n^2)$
バブルソート	$O(n^2)$
挿入ソート	$O(n) \sim O(n^2)$
シェルソート	$O(n^{2/3})$
クイックソート	$O(n \log_2 n) \sim O(n^2)$
ヒープソート	$O(n \log_2 n)$
マージソート	$O(n \log_2 n)$

計算時間量と空間計算量

コンピューターでプログラムを 1 ステップ実行するためにかかる時間はわずかですが、時間がかかることに変わりはありません。ステップの数が増えれば、時間もそれだけ多くかかります。つまり、ステップの数（計算量）と実行時間の間には相関関係があります。ですから、計算量と計算時間は共に同じものを表しているといえます。一般的には、計算量とはこの時間計算量を指します。

これに対して、プログラムを実行するために必要な記憶装置（メモリー）の量を、空間計算量といいます。一般的には、時間計算量が短いほど空間計算量は多くなる傾向があります。代表的なソートの空間計算量を次の表に示します。

表3.2●ソートの空間計算量

ソートの方法	空間計算量
バブルソート	1
挿入ソート	1
クイックソート	log(n)
マージソート	n

■ システムと計算時間

　現代のPCをはじめとする多くのコンピューターシステムは、相当に高性能なので、プログラムの実行にかかる時間を厳密に考える必要があることはあまりありません。つまり、計算量を意識せずにプログラムを作ることができます。

　しかし、まれに計算量を考慮する必要がある場合があります。たとえば、膨大なデータの変換、圧縮や展開、データのチェックなど、データ量が特に多い時には計算量が少なくなるアルゴリズムを採用しなければならない場合があります。微妙なタイミングが重要な場合も計算量を考慮することが必要となる場合があります。また、高性能なCPUを使えない組み込みシステムなどでも、計算量を考慮してプログラムを作らなければならない場合があります。このように、計算量を考慮するかどうかは、対象とする問題とシステムの性能によって決まります。

　一般に、同じ問題に対して複数のアルゴリズムが存在する場合、時間計算量が少ないアルゴリズムのほうが優れていると考えられがちです。しかし、システムのメモリー量が限られている場合は、計算に時間がかかっても空間計算量が少ないほうが好ましいことがあります。また、使用できるプログラミング環境によっては、時間計算量や空間計算量に関わらず、単純なアルゴリズムが好ましい場合があります。たとえば、アセンブリ言語でプログラミングとデバッグを行わなければならない環境では、複雑なアルゴリズムは生産性の点で劣ることがあります。

> **問題 3-2**

次のうち、間違っているものを選んでください。
　A. 世の中の問題には必ずそれを解決するためのアルゴリズムが存在する。
　B. アルゴリズムを作成する際には、なんらかの前提条件が必要になることがある。
　C. 正しいと信じられているアルゴリズムは、必ず正しいわけではない。
　D. 同じ問題を解決するアルゴリズムが複数ある場合、計算量が少ないアルゴリズムのほうが問題解決までの時間が短い。

3.6 データ構造

　データ構造は一連のデータを効率的に扱うためにデータをメモリーやディスクなどの記憶装置に保存するときの形式のことです。

■ プログラミングにおけるデータ

　プログラミングにおいては、種々雑多な情報がただあるだけではデータとは言いません。たとえば、さまざまな雑誌は情報にあふれていますが、その情報の種類や重要性などはさまざまで、そのままでは有効なデータとして扱うことはできません。あえていえば、たとえばその雑誌の記事で使われている文字の種類と数を数えること（雑誌の中の文に「あ」が何回使われ「価」が何回使われているか、などを調べること）はできますが、その情報は雑誌の記事としての価値は十分に生かされません。つまり、（記事や広告や読者欄の文など）種類の違う雑多なデータはそのままでは有効に利用することはできません。

　一方、あるお店で一日に売れた商品名とその数のペアを一年分集めたものは、将来の販売に役立てることができるデータとしての重要な意味を持ち、コンピューターによる分析と予測の対象となります。これは、売れた商品の数が、商品名と日付に関連

付けられているからです。

■ 一種類のデータ

　種類の違う雑多なデータをそのまま使うことはできません。たとえば、年齢や住所、値段、重さなどが含まれているデータを、そのままで何らかの有益な情報として扱うことはできません。

　一方、たとえば、データが一つの種類のデータである場合（たとえばある高校の1年生の身長のデータである場合）は、それらを並べて、平均や最大／最高値を調べるなど、利用することができます。データは多ければよいというものではないということがこの例でもわかります。

■ 構造を持つデータ

　種類の違う情報を含むデータであっても、きちんと整理すれば、役に立つデータになります。そのような場合には、一般的には、データを整理して構造化します。

　あるひとの住所や電話番号を含む連絡先データは、一つのデータでたとえば次のような構造を持ちます（この構造にしたデータ一つをレコードと呼ぶことがあります）。

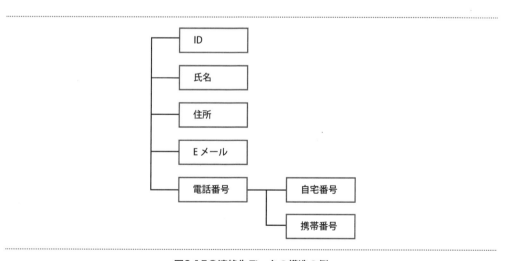

図3.15●連絡先データの構造の例

データ全体はこの構造を持つデータの集合（たくさんのレコードを持つデータ）になります。

■ 主なデータ構造

プログラミングで扱う主なデータ構造には次のようなものがあります。

- 配列
- リスト
- スタック
- キュー
- ツリー

配列は同じ種類のデータを、複数ならべたデータ構造です。

データを横に並べたものは1次元配列です。たとえば、ある高校の1年生の身長のデータは一次元配列として扱うことができます。

図3.16●配列（1次元配列）

データを縦横に並べたものは二次元配列です。データを縦横および奥行き方向に並べたものは3次元配列です。それ以上の次元の配列も可能です。

データ 1-1	データ 1-2	データ 1-3	・・・
データ 2-1	データ 2-2	データ 2-3	・・・
データ 3-1	データ 3-2	データ 3-3	・・・
・・・	・・・	・・・	・・・

図3.17●配列（二次元配列）

　リストは同じ種類のデータをつなげたデータ構造です。配列との大きな違いは、順序付けができることや、一連のデータの途中にデータを挿入したり削除できることなどです。

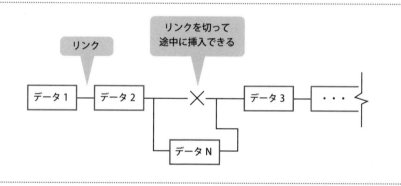

図3.18●リスト

　スタックはデータを上に積み重ねていくようにデータを管理するデータ構造です。データを保存するときにはデータの最上部に載せます。データを取り出すときにはデータの最上部から取り出します。データを保存した順序とは逆の順序でデータを取り出すことができます。

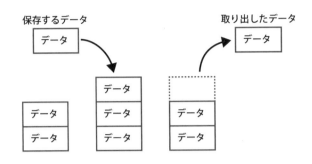

図3.19●スタック

キューはスタックとは逆に、データを入れた順に取り出すことができるデータ構造です。取り出されるデータは常に一番古いデータです。

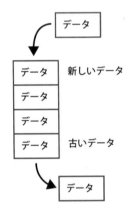

図3.20●キュー

ツリーは、木（ツリー）を逆さにしたような構造を持つデータ構造です。親データの下に子データがあり、さらにその下にその子のデータ（孫データ）があります。通常、親データは一つにします。

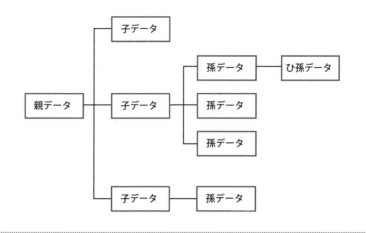

図3.21●ツリー

これらの構造を組み合わせた構造もあります。たとえば、住所録はツリー構造の配列またはリストとして取り扱うことができます。

■ データ構造とアルゴリズム

データ構造によってアルゴリズムが異なることがあります。言い方を変えると、アルゴリズムは特定のデータ構造を前提として作成します。

たとえば、ソート（並べ替え）は、データが必ず一次元配列または単純なリストであることを前提とします。ツリー構造のデータをソートすることはできません。

問題 3-3

次のうち、間違っているものを選んでください。
- A. コンピューターが扱うデータは、通常、数値化する必要がある。
- B. データ構造とそのデータを扱うアルゴリズムには関連性がある。
- C. データの中には親子関係があるデータもある。
- D. 情報が多ければ多いほど常に良いデータである。

プログラミング言語

ここでは、プログラミング言語の主な要素について説明します。

4 プログラミング言語

4.1 言語と言語仕様

　アルゴリズムは三つの処理に分類できるので、処理の流れもプログラミング言語の種類にかかわらず三つに分類できます。また、一般的な式の表現やほかのプログラムコード（サブルーチン）を呼び出すなどの操作も、プログラミング言語の種類にかかわらず本質的には同じです。そのため、さまざまなプログラミング言語を組み立てている要素は、どのプログラミング言語でも本質的にほぼ同じです。

■ 言語仕様

　プログラミング言語にはさまざまな決まりがありますが、その最も基本的なものを言語仕様といいます。たとえば、加算の式は「3 + 4」という形式で表現する、とか、あとで説明するように命令の実行順序を変更するときや繰り返し実行するときに使うキーワードなどは、言語の仕様として定義されています。

■ プログラミング言語の要素

　伝統的なプログラミングで使われる要素や処理の流れの概念は同じなので、JavaScript、Python、C言語、C++などの高水準言語のプログラミング言語のプログラミング言語としての要素や使われる概念はほとんど同じです。そのため、一つのプログラミング言語をマスターすると、他のプログラミング言語も比較的容易に習得できるようになります。また、いずれか一つでもプログラミング言語をマスターしておくと、プログラミングというものを具体的に知ることができます。

　ここでは、一つの例として、4種類のプログラミング言語の代表的な要素の例を次の表に示します（それぞれの説明はこの章の後のほうにあります）。

表4.1●プログラミング言語の要素の例

言語の種類	加算して代入する式	文字の出力	繰り返し
JavaScript	x = y + 3;	document.write("abc");	while (式) {繰り返すコード;}
Python	x = y + 3	print("abc");	while 式: 　　繰り返すコード
C言語	x = y + 3;	printf("abc");	while (式) {繰り返すコード;}
C++	x = y + 3;	cout << "abc";	while (式) {繰り返すコード;}

　この表に示したものは一つの例です。ほかの方法で同じことを実現できる場合もあります。

プログラミング言語はいろいろありますが、高水準プログラミング言語の基本的なことがらはどのプログラミング言語でもおおよそ同じです。

問題 4-1

次のうち、間違っているものを選んでください。

A. 処理の流れはプログラミング言語の種類にかかわらず三つに分類できる。
B. プログラミング言語の本質はどのプログラミング言語でも同じである。
C. 一つのプログラミング言語でプログラミングをマスターしても、他のプログラミング言語の修得にはまったく役に立たない。
D. 式もプログラミング言語の要素である。

4.2 値

プログラムで扱う値は、日常の値とは異なる点があります。

■ データ型

値には、123のような整数値、23.45のような実数値、'A'や'b'のような文字、"Hello"のような文字列、そして多数の数値の並びで表現されるイメージ（画像）データなど、さまざまな値があります。プログラミングでは、このような値を分類して型に分け、異なる型のものとして取り扱います。これをデータ型といいます。

プログラミングにおいてデータ型を区別することが必要な理由は、異なる種類の値を一緒に扱うことができないからです。たとえば、123のような数値と"Hello"のような文字列を加算することはできません。

■ 整数と実数

ほとんどの場合、プログラミングでは、数を次の2種類に分けて考えます。

整数　1、5、-12など小数点以下の値がない数
実数　12.34のような小数点以下がある数

このように数を分けて取り扱う理由は、整数は単純に2進数に変換できますが、実数は必ずしも容易に2進数に変換できず、場合によっては実数は無限小数になったり、2進数で表現すると誤差が発生する実数があるからです。

コンピューターの中でCPUは電圧が高い／低いの二つの状態だけを扱う、つまり2進数だけを扱うことができるという点を思い出してください。整数を2進数に変換するのは容易ですが、実数は2進数に変換するのが困難な場合があります。

たとえば、C言語では、整数は int という種類（データ型と呼ぶ）、実数は float または double という種類の値として扱います。

int という種類の値は int 型というデータ型の値として、また、実数（float や double）の値は float 型（浮動小数点型）や double 型（倍精度実数型）というデータ型の値として扱います。

ただし、初心者にも容易に利用できるように考慮されたプログラミング言語では、プログラマが整数／実数の違いを考えなくてもプログラミングできるようにしている場合もあります。例えば、Python では、次のように一つの変数 x に整数でも実数でも同じように保存することができます。

```
>>> x = 123
>>> x = 45.67
```

「>>>」は Python のインタープリタのプロンプト（入力を促す記号）を、「x = 123」は x という名前の変数に値 123 を代入することを意味します。

また、Python では、整数と実数の演算や整数同士の演算の結果が実数になっても何も気にする必要はありません。

```
>>> x = 5 / 2
>>> print(x)
2.5
>>> x = 12 / 2.3
>>> print(x)
5.217391304347826
```

しかし、このように整数と実数を区別しないで計算ができるプログラミング言語は

例外的であり、多くのプログラミング言語では整数と実数を区別します。このことは、より高度なプログラムに取り組む際に忘れてはならない重要なことです。

多くのプログラミング言語では、整数と実数を区別して取り扱います。その理由は、値はCPUの内部では数は2進数で表現され、整数と実数では表現の方法が異なるからです。

■ 文字と文字列

　コンピューターの内部では、文字は数値で表現されます。たとえば、文字Aは16進数で41という値で、zは16進数で7Aという値で表現します。

　プログラミングでは、文字列（"hello"のような連続する一連の文字）は、個々の文字がつながっているもの（連続する数値）とみなします。

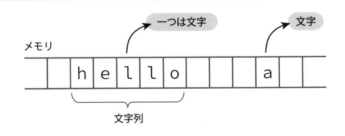

図4.1●メモリー上の文字と文字列のイメージ

　文字と文字列についても注意しなければならないのは、多くのプログラミング言語で、文字1文字と文字列を別の種類のものとして取り扱うという点です。次の例は、C言語で文字と文字列を表現したものです（//より右側はコメントです）。C言語の場合、値を囲む記号が文字列の場合は"（ダブルクォーテーション）、文字の場合は'（シングルクォーテーション）である点に注目してください。

```
"hello"      // 文字列
'c'          // 文字
```

比較的初心者向きのプログラミング言語には、文字や文字列を "（ダブルクォーテーション）で囲っても '（シングルクォーテーション）で囲っても良いものがあります。

■ 定数と変数

　プログラミングでは、定数はプログラムの実行中に値が変わらない名前が付けられたものです（より正確には名前を付けた変化しない数が保存されている記憶領域です）。また、プログラムの中に埋め込んだ数値や文字列も、リテラル定数という一種の定数です。

　たとえば、C言語で次のようにすると、以降は「23」という数値をAgeという名前でいつでも使うことができます。

```
const int Age = 23;
```

　「const int」は「整数の定数」であることを表しています（本書を読み進めるために、このような例を覚える必要はありません。定数の一つの表現としてこういうものがあるという点を理解しておけば十分です）。プログラム中に書き込まれた23という数値は、リテラル定数です。

プログラミングで定数というものは、物理や化学、数学で使う定数（π：円周率、e：自然対数の底であるネイピア数、h：プランク定数など）とは異なります。プログラミングにおける定数はプログラムの実行中に値が変わらない名前をつけたものです。

変数はプログラムの実行中に値が変わる名前を付けた記憶領域です。変数はこの後で説明する代入で具体的な値を保存します。

次の例は、Python のプログラムで、変数 x に整数 123 を保存し、変数 y に実数 45.67 を保存する例です。

```
>>> x = 123
>>> y = 45.67
```

変数の概念を理解することは重要です。特に、まだ数学の変数を学んでいない場合は、あとで説明する代入や実行制御などの例を通して変数の概念を確実に身に着ける必要があります。

変数の名前には、慣例として使われる約束があります（必ず従わなければならない規則ではありません）。たとえば、単純な繰り返しなどで徐々に増やす値を保存する変数には i や j などを良く使います。単純な実数には x、y、r などがよく使われます。

繰り返しの変数が i や j である理由

繰り返しの時に使う単純な変数名に i、j などを使ったり、実数（Real）値に r を使うなどという慣例は、昔から使われてきた FORTRAN というプログラミング言語で（特に指定しない限り）暗黙の型指定として変数の名前に関して次のような決まりがあったからです。

- 整数（Integer）型の変数名は I、J、K、L、M、N のいずれかで始める。
- I〜N の範囲以外の文字で始まる変数名は実数（Real）型の変数である。

現在の Fortran や他のプログラミング言語にはこのような規則はありませんが、ずっと以前のプログラミングの慣例が現在まで連綿と続いているということは興味深い点です。

4.3 文と式

プログラムの中の実行される単位を文（statement、ステートメント）といいます。

■ 文

次のような完結していて実行できる単位を文といいます。

```
print("hello, world")
```

文には複数の要素を含む複合文もあります（4.5節「実行制御」で説明します）。
　一般的には、プログラマは文という用語を使うよりも、コード行と呼ぶことを好む傾向があります。たとえば、「プログラムのこの行で結果を出力する」といった使い方をします。しかし、コード行には（行末の改行とそれに続く行を含む）論理的な行と、行末の改行までの物理的な行があり、プログラミング言語によって扱い方が変わることがあります。

■ 式

プログラミングにおける式とは、計算式に限定されません。たとえば、関数（一連のプログラムコードをまとめて名前を付けたもの。第5章で詳しく説明）を呼び出す次のようなコードがあるとします。

```
if ( abs(n) ) { ... }
```

この例はC言語のプログラムの例で、「abs(n)」のabs()という関数はnという値を受け取ってnの絶対値をこの「abs(n)」の値として返します。そして、ifによって、abs(n)という関数呼び出しそのものの結果の値がゼロであるかどうか検討されま

す（式として評価される、といいます）。プログラミングでは、このような関数呼び出しも一つの式といいます。

なお、式も単独で実行できるものは式文と呼び、文の一種です。

■ 代入

代入とは、= の右辺の式の結果を左辺の変数に保存することです。たとえば、次の例を見てください。

```
x = 3
y = h + d * 2
```

数学とは違って、「x = 3」は x と 3 が同じであることを表すのではない点に注意してください。

通常、= の左側に式を書くことはできません。

```
x + 2 = y * 3;      // これは間違い
```

「x = x + 1」は数学の代数では成り立ちません。なぜなら、右辺と左辺の値が同じでないからです。しかし、プログラミングでは =（イコール）は代入を表すので、式「x=x+1」が成り立ちます。

プログラミング言語によっては、次のように複数の変数への代入を一度にできる場合もあります。

```
x = y = z = 0
```

なお、pythonでは1行で複数の代入が行えるので、次のようにするとaとb二つの値を交換することができます。

```
a, b = b, a
```

これは、一次的な変数tを使って次の3ステップで値を入れ替えるのと同じです。

```
t = a
a = b
b = t
```

問題 4-2

次のうち、間違っているものを選んでください。
- A. 文字も数値も同じ種類のデータである。
- B. 「x = x + 123」は実行可能な式である
- C. 定数とは、プログラムの実行中に変わらない値である。
- D. 文字も、コンピューターの内部では数値で表現されている。

4.4 演算子

ほとんどすべてのプログラミング言語に共通する基本的な演算子があります。

■ 算術演算子

算数には加減乗除の4種類の計算がありますが、ほとんどのプログラミング言語にそれに対応した4種類の演算子と整数の割り算の余りや累乗を計算する演算子があります。

表4.2●算術演算子

演算子	機能	例	備考
+	加算	1 + 2（結果は 3）	
-	減算	5 - 2（結果は 3）	
*	乗算	2 * 3（結果は 6）	
/	除算	12 / 4（結果は 3）	
%	除算の余り	7 % 3（結果は 1）	
**	累乗	3 ** 2（結果は 9）	言語によっては ^ を使う

　プログラミングでは、掛け算のシンボル（記号）は×ではなく *（アスタリスク）なので注意してください。また、文字列の型を持つ多くのプログラミング言語で、+ 演算子は文字列の連結にも使われます。

プログラミング言語によっては、整数除算の div が使えたり、% の代わりに mod を使ったり、** の代わりに ^ を使う場合があるなど多少の違いがありますが、基本的にはどのプログラミング言語でも使われる演算子は同じである点に注目してください。

■ 関係演算子

　関係（比較）演算子は、演算子の左辺と右辺の値を比較するための演算子です。比較した結果は論理値になります。

表4.3●関係演算子

演算子	機能	例
<	小なり	a < b（a が b より小さいときに結果は true）
<=	小なり等価	a <= b（a が b より小さいか同じときに結果は true）
>	大なり	a > b（a が b より大きいときに結果は true）
>=	大なり等価	a >= b（a が b より大きいか同じときに結果は true）
==	等価	a == b（a と b は同じ）
=	等価	a = b（a と b は同じ）

演算子	機能	例
!=	不等	a != b（aとbは同じではない）

　関係演算子を使う例は 4.5 節「実行制御」で説明しますが、等価（演算子の左右の値が同じ）の演算子は多くのプログラミング言語で、= ではなく == である点に注意してください。

> **COLUMN**
>
> **プログラミングの常識は実社会の非常識？**
>
> 　日常生活では、7.0 × 0.8 の結果は 5.6 なので、5.6 と 7.0 * 0.8 は同じ値になるはずです。しかし、次の Python のプログラムは、5.6 と 7.0 * 0.8 の値が同じでないことを示しています。
>
> ```
> >>> x = 5.6
> >>> y = 7.0 * 0.8
> >>> x == y
> False
> ```
>
> 　これは、7.0 * 0.8 の計算を行うために CPU 内部で扱うことができる 2 進数に変換する際に誤差が発生するからです。試しに x と y の値をそれぞれ出力してみると、次のようになります。
>
> ```
> >>> x
> 5.6
> >>> y
> 5.6000000000000005
> ```
>
> 　このように、実数の場合、x と y に同じ値が入っているはずであっても、x==y ではないことがあるという点には注意する必要があります。このような実数値が同じであるかどうか調べたいときには、実数計算で発生する誤差を考慮して、x から y を引いた絶対値が十分に小さいかどうかで判定します。
> 　また、Java というプログラミング言語の文字列の場合、次の a==b は偽になり、

aとbは「同じ」になりません。

```
a = "ABCDEF";
z = "ABC";
b = z + "DEF";
```

その理由は、Javaの場合はa==bという比較ではaとbが保存されている場所を比較し、文字列"ABCDEF"と"ABC"に"DEF"を連結した文字列は別の場所に保存されるからです。

プログラミングの常識と日常の常識はこのように異なります。

論理演算子

プログラミングでは、ある状態が論理的に正しいことを真（true）といい、正しくないことを偽（false）といいます。たとえば、== という記号が左右の値が等しいという意味であるとすると、8==8は真ですが、3==5は偽です。この真偽値は、条件分岐やループの継続条件としてよく使われます。

論理値や論理演算の結果を組み合わせたり、否定するときに使う論理演算子もあります。このような演算子を論理演算子といいます。

表4.4●論理演算子

演算子	機能	備考
&	論理積（AND）	Pythonの場合
&&	論理積（AND）	JavaScript、C言語、C++などの場合
|	論理和（OR）	Pythonの場合
||	論理和（OR）	JavaScript、C言語、C++などの場合
!	否定（NOT）	

論理ANDとOR演算子は、二つの比較の結果を組み合わせたりするときに主に使います。

```
if （条件式1） & （条件式2） :
    （条件式1と条件式2が共に真であるとき実行する文）

if （条件式1） | （条件式2） :
    （条件式1と条件式2のいずれかまたは両方が真であるとき実行する文）
```

ifについては 4.5 節「実行制御」でもう一度説明します。

■ 代入演算子

代入演算子は、演算子の右辺の値を左辺の変数に代入するための演算子です。演算と同時に代入できる複合代入演算子が使えるプログラミング言語もあります。

表4.5●代入演算子

演算子	機能	例
=	代入	a = b （bの値をaに代入する）
+=	加算代入	a += b （aの値にbの値を加算してaに代入する）
-=	減算代入	a -= b （aの値からbの値を減算してaに代入する）
*=	乗算代入	a *= b （aの値にbの値を乗算してaに代入する）
/=	除算代入	a /= b （aの値をbの値で割った結果をaに代入する）
%=	余りの代入	a %= b （aの値をbの値で割った余りをaに代入する）

演算と同時に代入できる複合代入演算子は、算術演算と代入演算の二つを一つの演算子で同時に行います。たとえば、変数aにbを加える式は二つの演算子を使って次のように書くことができます。

```
a = a + b
```

これは複合代入演算子を使うと、次のように一つの演算子で表現することができます。

```
a += b
```

■ 優先順位

式は原則として左から順に評価されます。たとえば、「2 + 3 – 4」という式があったら、最初に2と3を加算してその結果から4を引きます。

ただし、演算子には優先順位があって、異なる演算子がある式では次の表の順に演算が行われます。

多くのプログラミング言語に共通する演算子の一般的な優先順位を次の表に示します。

表4.6●演算子の一般的な優先順位

優先順位	演算子
高	(　)
↑	+、-、~（+と-は単項演算子）
	**
	*、/、%、//
	+、-（+と-は算術演算子）
	<<、>>
	&
	^
	|
	<、<=、>、>=、==、!=、<>、is、is not、in、not in
	not
↓	and
低	or

たとえば、式「2 + 3 * 4」では、+より*のほうが優先順位が高いので、最初に

3 * 4を計算して（3に4をかけて）、それから2を加えます。

また、（ ）で囲むことによって優先順位を変えることができます。

次の例では、最初の式「2 + 3 * 4」は3に4をかけた値に2を加えますが、次の「(2 + 3) * 4」では2に3を加えた結果に4をかけます。

```
>>> 2 + 3 * 4
14
>>> (2 + 3) * 4
20
```

4.5 実行制御

プログラムは入力した順またはソースリストの上から順番に実行するほかに、順序を変えたり繰り返して実行することができます。このような実行の順序を制御する文を制御構文といいます。

■ 条件文

条件文は条件式の値に応じて実行する文を決定します。条件文には通常ifというキーワードが使われます。

たとえば、Pythonの条件文ではif … : ～ else: ～という構文を使います。

```
if （条件式）：
    （条件が真であるとき実行する文）
[ else :
    （条件が真でないとき実行する文） ]
```

「条件が真である」とは条件式が満たされていることを示し、trueであるともいいます。「条件が真でない」とは、条件式が満たされていないことを示し、偽またはFalseともいいます。

「if … : ～ else : ～」構文のelseとそれに続く文（条件が真でないとき実行する文）は省略することができます。

（条件が真であるとき実行する文）の先頭はキーワードifより右にずらして書きます。else：のあとの行もelseの先頭より右にずらして書きます。このようにすることでキーワードなどの「内部にあるブロックである」ことをPythonインタープリタに知らせるだけでなく、目で見てわかりやすくなります。

行の先頭を右にずらして書くことを「インデント」といいます。Pythonではブロック構造をインデントで表現します。

単純な実例を見てみましょう。まず、if文の前に次のような式があるものと仮定します。

```
x = 0
```

if文は次のように使います。

```
>>> x=0
>>>
>>> if x == 0 :
...     print('xはゼロ')
...
xはゼロ
>>>
```

ifのあとの「x == 0」は条件式です。==（イコール2個）は代入演算子ではなく、同じかどうか調べる（等価比較）演算子として働きます。

このコードは変数 x がゼロの場合に「x はゼロ」を出力します。つまり、if 文の条件式（x == 0）が真のときには、あとに続く「print('xはゼロ')」が実行されます。

変数 x がゼロでない場合に何か実行したいときには、else のあとに書きます。

```
>>> x = 2
>>>
>>> if x== 0:
...    print('xはゼロ')
... else:
...    print('xはゼロでない')
...
xはゼロでない
>>>
```

条件式は大小の比較でもかまいません。たとえば、「x がゼロより大きい」という条件式を使いたいときには、次のようにします。

```
if x>0 :
    （xがゼロより大きいときに実行するコード）
else :
    （ xがゼロ以下のときに実行するコード）
```

実行例を次に示します。

```
>>> x = 0
>>>
>>> if x>0 :
...    print('xはゼロより大')
... else :
...    print('xはゼロ以下')
...
xはゼロ以下
>>> x = 2
>>>
>>> if x>0 :
```

```
...     print('xはゼロより大')
... else :
...     print('xはゼロ以下')
...
xはゼロより大
>>>
```

　大小の比較は、文字列でも行うことができます。次の例は、文字列「ABC」と「abc」の大小を比較する例です。

```
a = 'ABC'
b = 'abc'

if a>b :
    print('大文字のほうが大きい')
else :
    print('大文字のほうが大きくない')
```

この場合、「大きい」とは文字コードの値が大きいことを意味します。文字コードとはそれぞれの文字に与えられている数値のことです。Pythonでは変数やキーワードなどの名前の大文字／小文字は区別されませんが、文字列の中の大文字／小文字は区別されます。

if 文が続けて 2 回以上続く場合に elif や elseif が使える場合があります。

■ 繰り返し文

　繰り返しには、for 文や while 文が使われます。
　while 文は、条件式が満たされている限り（条件式が真である限り）、（繰り返し実

行する式）のコードを繰り返し実行します。

whileの構文の最も単純な構文は次の通りです。

```
while （条件式）：
    （繰り返し実行する式）
```

たとえば、次の例はiが8未満である限りwhileループでその値を出力するPythonのプログラムの例です。

```
i=0
while i<8:
    print(i)
    i = i + 1
```

このwhileループの条件式は「i<8」で、変数iの値が7以下である限り、そのあとのインデントしたブロックの中のコードを実行することを示します。

繰り返して実行されるコードは、値を出力する「print(i)」と、iの値を1だけ増加する（インクリメントするという）「i = i + 1」の二つです。

（繰り返し実行する式）の中でcontinueが実行されるとwhile文の先頭に戻り、breakが実行されると繰り返しを中断することができます。これらは、最も一般的にはif … else 〜文とともに使います。

```
while （条件式）：
    （繰り返し実行する式）
    if （条件式）
        （if文が真のときに実行する式）
        continue
    else ：
        （if文が偽のときに実行する式）
```

次の例は、（繰り返し実行する式）の中でiをインクリメントして、その結果が奇数

である（2で割った余りが1である）場合に、whileの先頭に移動し、そうでなければelseのあとの式が実行されます。結果として、8以下の偶数が出力されます。

```
i = 0
while i < 8:
   i = i + 1
   if i % 2 == 1:
       continue
   else :
       print(i)
```

breakを使うとwhile文を中断できるので、上のプログラムは次のように書き換えることもできます。

```
i = 0
while 1:
   i = i + 1
   if i % 2 == 1:
       continue
   elif (i >9):
       break
   else :
       print(i)
```

C言語やC++、JavaScriptなどでは繰り返しをfor文で行うこともできます。次の例は10未満の偶数値を出力するC言語のfor文の例です。

```
#include <stdio.h>

int main(int argc, char *argv[])
{
    int i;

    for (i=1; i<10; i++)
```

```
        if ((i % 2)==0)
            printf("%d ", i);

    return 0;
}
```

また、文字列や、リスト型のようなシーケンス（つながっているもの）の内容を繰り返して処理や操作をしたいときに for 文が使える場合もあります。

Python の場合、その書式は次のような書式です。

```
for val in list :
    (繰り返し実行するコード)
```

これは、list の中の要素に対して順に「繰り返し実行するコード」を実行します。次の例は、i が 0 から 7 になるまで、数字を繰り返し出力します。

```
for i in [0,1,2,3,4,5,6,7]:
    print( i )
```

■ 単純ジャンプ

プログラミング言語によっては、無条件で特定の場所にジャンプする goto 文をサポートするものがあります。goto 文は次のようにラベル（この場合は loop）に無条件でジャンプします。

```
loop:
        (繰り返すコード)
    goto loop;
```

この繰り返しのループはこのままでは永遠に終了しないので、通常はループの中で

繰り返しを終了するための文を使います。

次の例はC言語で10以下の偶数を出力するプログラムの例です。

```
#include <stdio.h>

int main(int argc, char *argv[])
{
    int i = 0;

loop:
    if ((++i % 2) == 0)
        printf("%d ", i);
    if (i >= 10)
        goto exit;
    goto loop;
exit:

    return 0;
}
```

上の例では、「goto loop;」で繰り返しのループを形成し変数iの値が10以上になったら「goto exit;」でループから抜け出ます。

単純ジャンプはどこにでもジャンプできて便利そうに見えますが、多用するとプログラムの流れがわかりにくくなり、発見が困難なバグ（プログラムの間違い）の原因となることがよくあるので、現代のプログラミングではほかに方法がない限り使うべきでないとされています。そのため、goto文がないプログラミング言語もあります。

4.6 その他の要素

多くのプログラミング言語には、さらに次のような要素があります。

■ プロシージャ呼び出し

プロシージャ（関数やサブルーチン、メソッドなど）を呼び出すことでも、実行の流れを変えることができます。関数や、サブルーチンについては第 5 章「関数とライブラリ」で、メソッドについては第 6 章「オブジェクト指向」で説明します。

■ 例外

実行時に異常事態が発生して通常の実行が中断されたときに、例外と呼ばれるオブジェクトが生成されます。たとえば、数値をゼロで割ろうとしたり、値のオーバーフローやアンダーフローが発生したとき、あるいは、リストや辞書を参照したときに存在しない値を参照しようとしたり、ファイルを読み込んでいる途中でファイルにアクセスできなくなったりしたときなどに例外が発生します。例外が発生すると、例外オブジェクトが生成されます。

プログラムは、必要に応じて独自の例外を定義して生成することもできます。

多くのプログラミング言語で、try 文は例外という事象が発生したときに、対処するための文です。

たとえば、Python では生成された例外は「try … except ～ finally」文で扱います。この文では、例外が発生する可能性があるコードを try のあとに書き、例外処理コードは except のあとに書きます。

```
try :
    (例外が発生する可能性があるコード)
except [例外の種類]:
    (例外処理コード)
```

```
[ finally :
    (例外が発生しても発生しなくても実行するコード) ]
```

　finally 文は、例外が発生しても発生しなくても必ず実行したいことがあるときに使いますが、省略可能です。finally を使うのは、たとえば、ファイルを開いて何らかの操作をするときには、すべての操作や処理が順調に終了しても、例外が発生した場合でも、いずれにしてファイルを閉じる必要があります。そのような場合に、try のあとにファイルアクセスのコードを書き、finally のあとにファイルを閉じるためのコードを書きます。

　次の例は、ゼロで割るという例外に対処するための基本的な例です。

```
>>> x= z = 0
>>> y= 3
>>> try :
...      x = y / z
... except :
...      print(y , '/' ,z, 'は計算できません')
...
3 / 0 は計算できません
```

　このとき、すべての例外を処理するのではなく、特定の例外だけを処理することができます。特定の例外を処理したいときには、except を使って処理する例外の種類を指定します。

```
try
    (例外が発生する可能性があるコード)
except  (発生した例外の種類) :
    (例外処理コード)
```

　次の例は、割り算を行うプログラムの例です。割り算の結果、例外 ZeroDivisionError が発生しますが、この例外だけを処理します。

```
>>> x= z = 0
>>> y= 3
>>> try :
...     x = y / z
... except ZeroDivisionError:
...     print( 'ゼロで割る計算できません')
...
ゼロで割る計算できません
```

実行の制御が try 節の最後まで到達したときのデフォルトの処理を記述するために、try … except … else の構造を使うこともできます。

```
try
    （例外が発生する可能性があるコード）
except [（発生した例外の種類）]:
    （例外処理コード）;
else:
    （デフォルトの処理を実行する）
```

次の例は、try 節で例外が発生しなかった場合に、割り算の結果を出力する例です。

```
>>> x = z = 2
>>> y= 12
>>> try :
...     x = y / z
... except ZeroDivisionError:
...     print( 'ゼロで割る計算できません')
... else:
...     print( y , '/' , z, '=', x)
...
12 / 2 = 6.0
```

4.7 イベント駆動型プログラム

これまで説明してきたプログラムの流れは、プログラムの先頭から順番に実行されて、実行制御文があると順序が変わるというものでした。現在主流のウィンドウシステムを使ったプログラムでは、ユーザーの操作のようなイベントによってプログラムを動かすというアイデアが使われています。

■ イベントとイベント駆動型

ウィンドウシステムが普及する前までは、基本的には「コンピューターが〜したら、それに対してユーザーが（入力や選択などの）適切な動作をする」という前提でプログラミングしました。この従来の方法は、手順型あるいは手続き型（Procedural）のプログラミングといいます。

ウィンドウシステムでは、システムで発生したイベントがプログラムを動かすという仕組みに従ってプログラムを作成します。システムで発生したイベントとは、マウスのクリック、キーボードのキーの押し下げ、ウィンドウが表示されたことや移動されたこと、ほかのプログラムが終了したこと、など、システムで発生するあらゆることです。

イベントが発生することでプログラムを動かすという仕組みに従ったプログラミングの方法を、イベント駆動型(Event-Driven)プログラミングといいます。この方法では、システムで発生したできごと(イベント)に対して処理を記述します。つまり、「ユーザーやウィンドウシステムが〜したら、それに対してアプリケーションが適切な動作をする」という考え方でプログラムを作成します。

■ イベントループ

イベント駆動プログラムの核心にあるのは、イベントループです。

イベントループでは、イベントを受け取って、適切なイベントを処理するルーチン

を実行し、再びイベントを受け取るということを繰り返すループです。このループはアプリやダイアログボックスで「終了」に相当するイベントが発生するまで繰り返し続けます。

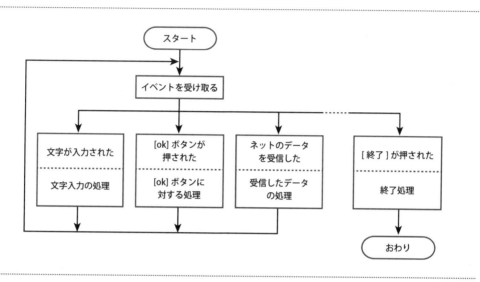

図4.2●イベントループ

WindowsのC言語／C++によるメッセージループの例を示します。

```
MSG msg;      // メッセージを保存する変数

// メイン メッセージ ループ:
while (GetMessage(&msg, nullptr, 0, 0))
{
    if (!TranslateAccelerator(msg.hwnd, hAccelTable, &msg))
    {
        TranslateMessage(&msg);
        DispatchMessage(&msg);
    }
}
```

msgはメッセージ情報（MSG）を受け取ってループの実行中に保存しておくための

変数、GetMessage()はメッセージを取得する関数、TranslateMessage()は必要な変換を行う関数、DispatchMessage()はメッセージに応じた適切な処理ルーチンを呼び出す関数です。

 TranslateMessage()は仮想キーメッセージをキャラクターメッセージに変換します。

■ イベントハンドラ

　発生した特定のイベントを処理するルーチンを、イベントハンドラといいます。多くの場合、イベントループとイベントの種類に応じたイベントハンドラを呼び出すためのプログラムコードは実行時ライブラリの中に隠蔽されています。そして、プログラマがすることはイベントハンドラにそのイベントが発生したときにするべきことをプログラムとして記述することです。

　たとえば、「ビープ」ボタンがクリックされたら音を鳴らすようにするには、「ビープ」ボタンのクリックイベントハンドラに、音を鳴らすためのコードを記述します。

問題 4-3

次のうち、間違っているものを選んでください。

A. マウスをクリックするような出来事があると特定のプログラムコードを実行するようにした形式のプログラミングをイベント駆動型プログラミングという。

B. 繰り返しを表すプログラミング言語のキーワードには while という単語が使われることが多い。

C. どこへでもジャンプできる goto というキーワードは便利そうであるが多用するとプログラムがわかりにくくなる。

D. 演算子はプログラミング言語によってまったく異なるので、ほかのプログラミング言語の知識は一切役に立たない。

関数とライブラリ

この章では、関数と、関数をまとめたライブラリについて説明します。

5.1 手順の整理と作業の分割

日常生活において、私たちは特に意識せずに手順を整理して作業を分割しています。

■ 手順の整理

ここで、パスタを作ることを考えてみましょう。いろいろなパスタがありますが、ここではトマトピューレベースのスパゲティーを作ることにします。

手順はおよそ次のようになるでしょう。

- なべに水を入れる。
- なべに塩を入れる。
- なべを火にかける。
- パスタ（乾麺）を湯に入れる。
- ザルでパスタを湯切りする。
- フライパンにミンチにした肉を入れる。
- フライパンにみじん切りにした玉ねぎを入れる。
- 炒める。
- トマトピューレを入れる。
- 調味料と香辛料で味を調える。
- パスタをフライパンに入れる。
- 軽くあえる。
- 盛り付ける。

という手順でスパゲティーができあがります（ここでは、これでとても美味しいのができると思ってください）。

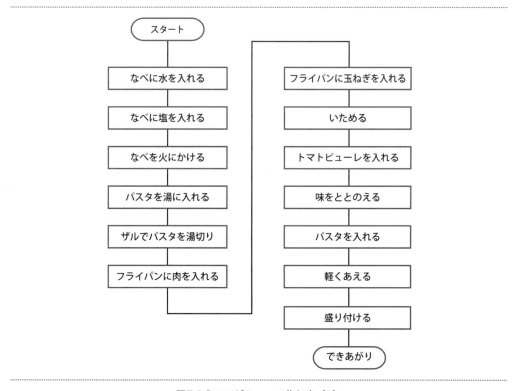

図5.1●スパゲティーの作り方（1）

■ 手順の分割

　先に示した手順はだらだらと長い手順です。そこで、この手順のうち、「パスタをゆでる」と「パスタソースを作る」部分をそれぞれ一つの作業と考えてみましょう。

- パスタをゆでる。
- パスタソースを作る。
- パスタをフライパンに入れる。
- 軽くあえる。
- 盛り付ける。

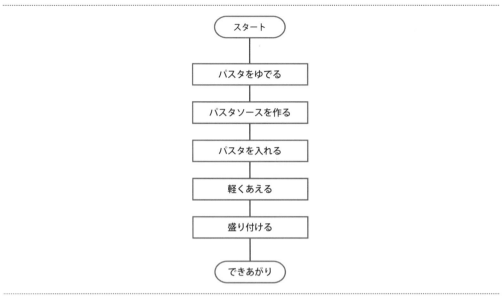

図5.2●スパゲティーの作り方（2）

このようにすると、手順はかなりすっきりします。

もちろん、「パスタをゆでる」と「パスタソースを作る」は、それぞれ次のような内容の作業になります。

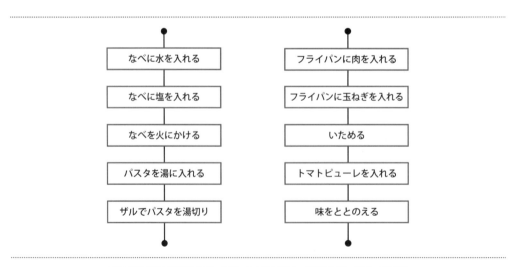

図5.3●パスタをゆでる（左）とパスタソースを作る（右）の手順

この「パスタをゆでる」と「パスタソースを作る」は、サブ（下請け）ルーチン（作業）と考えることができます。

■ 既製品の利用

スパゲティーソースはわざわざ作らなくても、いろいろな製品が売られています。既成のスパゲティーソースを利用することは、プログラミングにおいてライブラリと呼ばれるものとして提供されている中のプログラム部品を利用することに相当します。

スパゲティーを作るときに、既製品のパスタソースを利用するときの手順を考えてみましょう。すると、次のようになるでしょう。

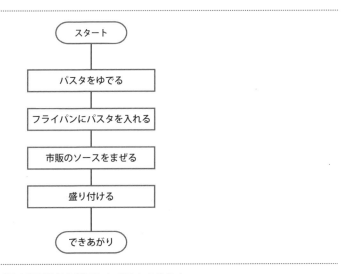

図5.4●既製品を利用したパスタの作り方

これらのことについて、プログラミングの観点から5.2節以降で説明します。

問題 5-1

次のうち、間違っているものを選んでください。
　A．パスタをゆでることと、パスタを盛り付けるという手順は逆にはできない。
　B．いくつも続く手順は、小さなサブ手順とおおまかな流れに分けることができる

場合が多い。
C. パスタをゆでるときに、塩を入れすぎて茹でてしまったらもとに戻すことはできないように、実行してしまったら戻れない手順もある。
D. パスタを作るときに既製品のパスタソースを使うのは邪道である。

5.2 サブルーチン

　一連のコードをまとめてプログラムのほかの場所から呼び出せるようにしたものをサブルーチンといいます。

■ 繰り返して行う処理

　プログラムの中では、同じような処理や操作を繰り返し何度も行う必要があることがあります。

　たとえば、「半径が 3、5、7、11 の円の面積を求めてそれぞれ表示する」というプログラムを作るとします。たとえば、C 言語で次のようにすれば目的は達成できます。

```
int main(int argc, char *argv[])
{
    double a = 3 * 3* 3.14;          // aは半径

    printf("半径3の面積=%lf¥n", a);

    a = 5 * 5 * 3.14;

    printf("半径5の面積=%lf¥n", a);

    a = 7 * 7 * 3.14;

    printf("半径7の面積=%lf¥n", a);
```

```
    a = 11 * 11 * 3.14;

    printf("半径12の面積=%lf¥n", a);

    return 0;
}
```

これはこれで間違いないのですが、これは次のコードの x の値をそのたびに変えているだけで、あとは同じことの繰り返しです。そのため、コード全体は冗長になってしまっています。

```
a = x * x * 3.14
```

そこで、この式「x * x * 3.14」を何度でも呼び出して使えるように、名前を付けた一まとまりのプログラムコードにまとめます。

```
// 半径rの面積を計算して返す関数
double area(double r)
{
    return r * r * 3.14;    // r * r * 3.14を計算して返す
}
```

return は「呼び出されたところに後続の値を返す」という意味のキーワードです。つまり、この関数は area(n) と書かれている場所（n は具体的な数）に「r * r * 3.14」の結果を渡します。

このように関数 area() を定義すれば、次のように繰り返しを指示する for 文でこの関数を繰り返し呼び出すだけで先ほどと同じことができます。

```
int main(int argc, char *argv[])
{
    double a;
```

```
    for (int i = 3 ;i < 12; i += 2)
    {
        a = area(i);
        printf("半径%dの面積=%lf\n", i, a);
    }

    return 0;
}
```

　この方法の利点は、同じようなこと（この場合は円の面積の計算）を行うコードを何度も書かなくて済むということのほかに、変更や保守が楽に行えるということもあります。たとえば、計算の精度を高めるために円周率を 3.14 から 3.14159 に変更して計算する必要性がでてきたときに、変更するのは関数 area() の中の 3.14 の部分だけです（一つ前のプログラムならば 4 ヶ所修正しなければなりません）。

　このようなプログラムの本体部分から抜き出して一まとまりのコードとしてまとめて名前を付けたものを広い意味でサブルーチン（subroutine）といいます。

> Note　sub には、従属する、とか、下請け仕事をするという意味があります。

■ プロシージャ、サブルーチン、関数

　プログラムの墓の部分から呼び出せるようにした名前を付けたまとまったプログラム部分の呼び方にはいろいろあります。また、プログラミング言語や使う状況によって意味が変わることがありますが、おおよそ次のような意味があります。

表5.1 ● サブルーチンの呼び方

呼び方	説明
サブルーチン	複数の命令や処理などを一つにまとめて名前を付け、ほかの部分から呼び出し可能にしたもの。特に値を返さないものだけを指す場合もある。

呼び方	説明
プロシージャ	複数の命令や処理などを一つにまとめて名前を付け、ほかの部分から呼び出し可能にしたもの。
関数	複数の命令や処理などを一つにまとめて名前を付け、ほかの部分から呼び出し可能にしたもの。特に値を返すものだけを指す場合もある。

　サブルーチンとプロシージャはほぼ同じように使われることがよくあります。また、言語によってはサブルーチンと関数をプロシージャと呼んだり、サブルーチンと関数の区別をつけない場合もあります。

このほかに、特定のクラスの中に定義したサブルーチンを特に「メソッド」と呼びます（第6章「オブジェクト指向」で説明）。

5.3　関数

　複数の命令や処理などを一つにまとめて名前を付け、ほかの部分から呼び出し可能にすることには、手順を整理することのほかに、おおきく二つの役割があります。

■ 値を返す関数

　数学では、関数は、特定の入力値に対してなんらかの結果を返すものです。プログラミングでも、なんらかの値を返すものとして関数を定義することはよくあります。先に示した area() は、半径の値を受け取って、面積を返します。

■ 機能を提供する関数

　第2章で、画面に文字を表示したりキーボードの入力を受け付けるなど、多くのプログラムが使う極めて基本的なプログラム部分を BIOS や OS が提供すると説明しまし

た。このような機能は関数として作られていて、プログラマは関数呼び出しの形で利用します。

機能を提供する関数は、まだほかにもたくさんあります。たとえば、Windowsのようなウィンドウを利用するプログラムを作るときには、ウィンドウを作るときにもウィンドウに何かを表示するときにもWindows API（Application Programming Interface）という名前で提供されている一連の関数のなかから適切な関数を呼び出すことで実現します。

規模の大きなプログラムや高度な機能を持つプログラムを作るときには、プログラム全体をすべて自分で作るのではなく、ほかの人が作った関数を利用します。

■ マクロ

関数に似ているもので、一連の操作や手順などをまとめて必要に応じて呼び出せるようにするものとして、マクロと呼ぶものがあります。一般的にはマクロはまとめるコードが比較的単純な場合に使います。一方、関数はその関数の中で行う操作がとても複雑であることもしばしばあります。

単純な関数はマクロに置き換えることができます。次のC言語のプログラムの例は5.1節「サブルーチン」の「繰り返して行う処理」で示した、半径rの面積を計算して返す関数 area() をマクロで置き換えた例です。

```c
#include <stdio.h>

#define area(r) (r * r * 3.14)      // 半径rの面積を計算して返すマクロ

int main(int argc, char *argv[])
{
    double a;

    for (int i = 3 ;i < 12; i += 2)
    {
```

```
        a = area(i);
        printf("半径%dの面積=%lf¥n", i, a);
    }

    return 0;
}
```

このプログラムの場合、プログラムがコンパイルされる時に「a = area(i);」の部分が「a=(i * i * 3.14);」に置き換えられます。

 Microsoft Word や Excel のようなアプリの中で実行できるようにしたプログラムもマクロといいます。これは、アプリの一連の操作や手順などをまとめて必要に応じて呼び出せるようにしたものです。

問題 5-2

次のうち、間違っているものを選んでください。

A. サブルーチンとプロシージャは、まったく異なる概念である。
B. 何度も繰り返して実行する一連の手順はサブルーチンにすることが好ましい場合が多い。
C. 関数は呼び出し元になんらかの結果を返すことが多い。
D. アプリの中で実行できるようにしたプログラムをマクロと呼ぶことがあるが、プログラムのコンパイル時に置き換える文字列をマクロと呼ぶこともある。

5.4 ライブラリ

　規模の大きなプログラムや高度な機能を持つプログラムを作るときには、プログラム全体をすべて自分で作るのではなく、ほかの人が作った関数を利用します。

■ 関数ライブラリ

　一連の関数をまとめて、さまざまなプログラムで利用できるようにしたものを、関数ライブラリといいます。プログラマは、利用できる既存の関数ライブラリがあればそれを利用します。また再利用する可能性が高い関数をまとめて独自の関数ライブラリを作ることもあります。

一連のクラスをまとめて、さまざまなプログラムで利用できるようにしたものを、クラスライブラリといいます。クラスについては、第6章「オブジェクト指向」で説明します。

　利用できる既存のライブラリは積極的に活用するべきです。既存のライブラリは十分にテストされてデバッグ（問題点を調べて修正すること）されていることが多いので、既存のライブラリを利用すればプログラムの生産効率が飛躍的に高まります。

活用できるライブラリは積極的に利用するべきです。プログラミングの初心者の中には何でも自分で作ってしまおうとする人がいますが、既にできているものがないか調べ、あればそれを利用するという考え方を常に持つことが重要です。

　関数ライブラリは特定のプログラミング言語で使うために作成されますが、ライブラリを別のプログラミング言語で使えるように移植したり、ほかのプログラミング言語で作られたライブラリを利用できるようにするインターフェースが提供されている場合もあります。

■ 言語のライブラリ

どのプログラミング言語にも、その言語のライブラリが用意されています。

たとえば、C言語で「hello, world!」と出力するとします。その時には次のようなプログラムを作るでしょう。

```
int main (int argc, char *argv[])
{
    printf("hello, world!¥n");

    return 0;
}
```

このうち、関数 `printf()` はC言語の標準ライブラリに含まれている関数です。このライブラリの中の関数を使うからこそ、`printf("hello, world!¥n");` で「hello, world!（改行）」と出力（表示）できるのです。

int や char、return などはC言語のキーワードです。プログラミング言語のキーワードは、そのプログラミング言語のためにあらかじめ用途が決められている名前です。mainはプログラムの実行を開始する特別な関数です。このような関数をエントリーポイント関数といいます。

ほかにも、基本的な操作や処理のための関数がたくさんあって、それはプログラミング言語の関数ライブラリに含まれています。

■ ウィンドウシステムのライブラリ

ウィンドウを使うアプリを起動したり、ウィンドウやダイアログボックスを表示したり、マウスやタッチで操作できるようにするウィンドウシステムにもライブラリが提供されています。

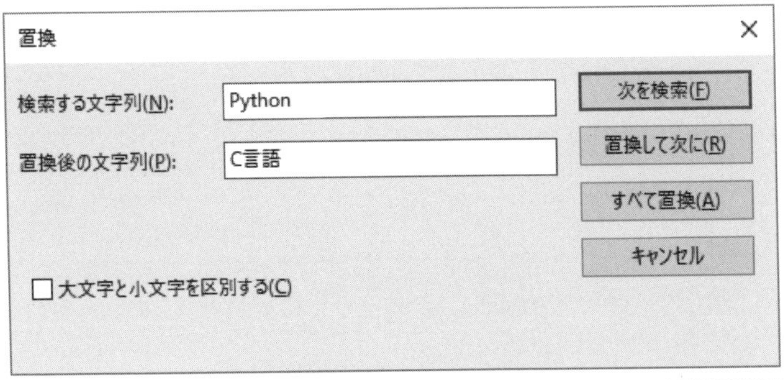

図5.5●ダイアログボックスの例

■ その他のライブラリ

　科学技術計算や統計処理、画像処理、ネットワーク通信、暗号化など、特定の目的に対応した機能を一連の関数としてまとめたさまざまなライブラリが提供されている場合もあります。

■ ライブラリの結合

　自分で作成したプログラムとライブラリにある関数などをリンク（結合）する方法はいくつかありますが、ここでは二つの例を示します。

　一つ目は、第1章で紹介したPythonでタートル（亀）を利用するときに使った方法です。この場合、Pythonインタープリタを起動して、import文で必要なモジュールをインポートします。すると、インポートしたモジュールに含まれているものを利用できるようになり、実行時に必要に応じてリンクされます。

```
>>> import turtle
>>> kame=turtle.Turtle()
>>>
```

5.4 ライブラリ

　C言語やC++のようなコンパイラ言語では、広い意味のコンパイルをするときに、必要な関数ライブラリをリンクします。

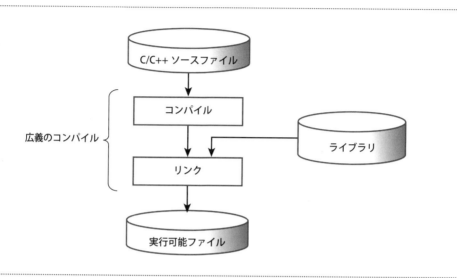

図5.6●C／C++プログラムのコンパイル時のリンク

 コンパイラ言語の場合、プログラムの実行時にロードしてリンクする方法もあり、Windowsの場合はそれをダイナミックリンクライブラリ（Dynamic Link Library、DLL）といいます。

問題 5-3

次のうち、間違っているものを選んでください。

　A. 一連の関連する関数をまとめて利用できるようにしたものを関数ライブラリとよぶ。

　B. 既成のライブラリを使うときには必ず許可を取り料金を払う必要があるので、ライブラリは自分で作ったほうが良い。

　C. ライブラリには、プログラミング言語で提供されているもの、OSやウィンド

ウシステムの一部として提供されているもの、その他の形式で提供されているものなどいろいろある。

D. コンパイラ言語でライブラリの関数などを利用するときには、それをリンク（結合）する。

オブジェクト指向

ここでは、オブジェクトとオブジェクト指向プログラミングについて解説します。

6 オブジェクト指向

6.1 プログラミングとオブジェクト

最初に、オブジェクトとはなんであるかということを理解することが重要です。

■ 日常生活とオブジェクト

現代の実用的なプログラムのプログラミングでは、扱う問題が大きく、プログラムの規模も大きくなるので、オブジェクト指向のアプローチは不可欠になっています。オブジェクト指向のプログラミングは難しいと考えられがちですが、私たちは日常生活でも対象をオブジェクトとしてとらえています。

たとえば、目の前にある机をみるとき、私たちは、それを机という種類の一つの「もの」(オブジェクト) であると認識し、机の色は焦げ茶色、幅は120 cmなどと、無意識のうちに色や大きさを机というものに属する情報とみなしています。このような情報は机というオブジェクトの属性 (プロパティ、オブジェクトに備わっている性質や特徴のこと) です。机には引き出しがあって物を保存することができます。保存するという動作は机に対する動作 (メソッド) です。

机を移動するときには、机本体を移動することを考えます。それに属する引き出しや色や大きさなどといった付属するものをそれぞれ移動することは考えません。机本体を移動すれば、机に属する引き出しも同時に移動し、色や大きさなどの属性は変わらないことを無意識のうちに認識しています。

■ プログラミングのオブジェクト

プログラミングでは、プログラムのさまざまな要素をそれぞれ一つのオブジェクトとみなすことができます。たとえば、実行中のプログラムやウィンドウなどを、それぞれ一つのオブジェクトとみなすことができます。

オブジェクトにはさまざまなプロパティ (Property、属性) があって、そのオブジェクトを特徴付けています。たとえば、ウィンドウというオブジェクトには、キャプション (ウィンドウのタイトル)、ウィンドウの背景色、位置やサイズなどのプロパティが

あります。そして、プロパティの値を変更するとウィンドウの外観に影響が及びます。

　ウィンドウを移動するときには、ウィンドウ本体をドラッグして移動することを考えます。それに属するキャプションや色や大きさなどといったウィンドウに付属するものをそれぞれ移動することは考えません。ウィンドウ本体を移動すれば、ウィンドウに属するキャプションも同時に移動し、色や大きさなどの属性は変わらないことと考えます。

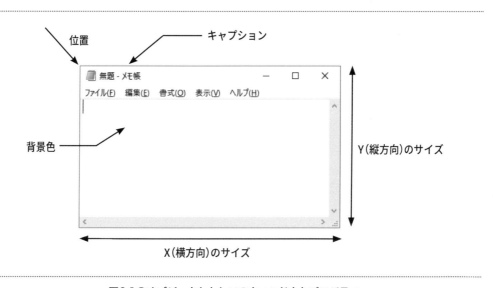

図6.1●オブジェクトとしてのウィンドウとプロパティ

　ダイアログボックスウィンドウの中に表示されるボタン（コマンドボタンまたはプッシュボタンともいう）もオブジェクトです。ボタンには、ボタンの文字列（キャプション）、ボタンの位置と大きさ、ボタンの背景色などのプロパティがあります。

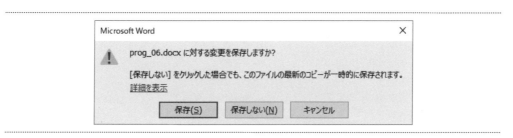

図6.2●ダイアログボックスの例

ドキュメントオブジェクトの場合は、その内容であるテキストやファイル名、ファイルサイズ、更新日時などのプロパティがあります。

このように、オブジェクトとは、一つのまとまったものとして扱うことができ、プロパティがあるものです。

問題 6-1

次のうち、間違っているものを選んでください。
- A. ウィンドウや「OK」ボタンは、プログラミングの観点からはオブジェクトとして捉えることができるものである。
- B. ウィンドウの背景色はウィンドウの属性と考えてよい。
- C. オブジェクト指向のプログラミングと日常生活にはまったく関連性がない。
- D. 色や長さなどの特定のプロパティには、そのプロパティ特有の値がある。

6.2 クラスとオブジェクト

ここでは、クラスとオブジェクトについて説明します。

■ クラスとインスタンス

クラスとは、オブジェクトのひな型です。机を例として説明すると、クラスは机の設計図です。机はクラス（設計図）をもとにして作られたオブジェクトです。特定のある机は、机のインスタンス（Instance）であるといいます。すでに説明したように、机には、色やサイズという属性があり、引き出しに物をしまうというメソッドを使うことができます。

人間をオブジェクトとしてとらえると、名前や年齢があって、立ったり座ったりします。

自動車というオブジェクトには必ずエンジンやモーターがあって、それ自身移動できます。

　このように、特定の種類のオブジェクトは、一定のプロパティと動作を行うメソッドを持ちます。そこで、同じ種類のオブジェクトを表現するための雛形を定義すると、あとでオブジェクトを作成したり操作するときに便利です。この目的のために、オブジェクト指向プログラミングではクラスを定義します。クラスを定義するときには、プロパティをクラスの変数として定義し、動作をメソッドとして記述します。

　次の例はC++でクラスを定義した例です。

```
class man {
    int Age;                          // プロパティ（年齢）
    int getAge( ) { return Age; };    // メソッド（年齢を返す）
};
```

　この場合、man がクラス名です。Age は年齢を表す整数型のプロパティで、メソッド getAge() は年齢を表す整数値を返します。

　クラスはオブジェクトを作成するときの雛型なので、一つのクラスからは複数のオブジェクトを作成することができます。プログラム内の作成した個々のオブジェクトは、それぞれ異なるインスタンス（Instance）です。

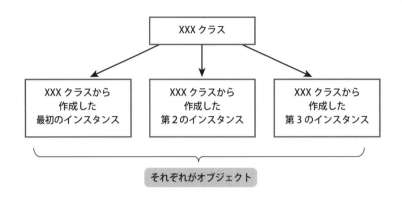

図6.3●クラスとインスタンス

　たとえば、manというクラスから、Aという人を表すオブジェクト（一つのインスタンス）、Bというオブジェクト（別のインスタンス）、Cというオブジェクト（三個目のインスタンス）を作ることができます。

 オブジェクトとインスタンスは、厳密には異なるものです。オブジェクトはクラスから作成されたものを網羅的に指しますが、インスタンスは特定のオブジェクトを指します。ただし、プログラミングの現場ではこの二つの用語は同じように使われることがよくあります。

■ クラスライブラリ

　一連のクラスをまとめて、さまざまなプログラムで利用できるようにしたものを、クラスライブラリといいます。

　プログラマは、利用できる既存のクラスライブラリがあればそれを利用します。また再利用する可能性が高いクラスをまとめて独自のクラスライブラリを作ることもあります。

　クラスライブラリには、一連のクラスが含まれ、それぞれのクラスの中には値や変数、メソッド（クラスの関数）などが含まれます。

> **問題 6-2**

次のうち、間違っているものを選んでください。
- A. オブジェクトはクラスから作成する。
- B. インスタンスとは、クラスから作成された特定のオブジェクトのことである。
- C. クラスはプログラマが作成（定義）することができる。
- D. 一連のオブジェクトをまとめたものはクラスライブラリである。

6.3　オブジェクト指向プログラミング

　オブジェクト指向プログラミング（Object Oriented Programming、OOP）は、関連あるデータとコードをひとまとめにして、一つのオブジェクトとして扱うプログラミング手法です。

　オブジェクト指向プログラミングでは、継承やポリモーフィズム、カプセル化などが重要なキーワードです。

■ オブジェクトの操作

　オブジェクトには自分自身を操作するための手段を備えているものがあります。オブジェクトを操作するプロシージャをメソッドといいます。

　たとえば、ウィンドウオブジェクトに対して、それを作成するためのメソッドを呼び出すとウィンドウが作成されます。そして、ウィンドウを表示するためのメソッドを呼び出すとウィンドウを表示することができます。

　ウィンドウのプロパティを変更しても、オブジェクトを操作することができます。たとえば、ウィンドウオブジェクトの背景色のプロパティに新しい色を設定すると、背景色を変更することができます。

　このように、オブジェクトのプロパティやメソッドを使うと、複雑なプログラミン

グが容易になります。

　オブジェクト指向の方法でない場合は、ウィンドウのキャプションを変更するときには、キャプションとして表示されているもとの文字列を消し、次に位置を指定して新しいウィンドウのキャプションを表示する必要があります。ウィンドウの位置を変更するときには、現在表示されているウィンドウをいったん消して、次に位置とサイズを指定して新しいウィンドウを描き、さらにキャプションやそのウィンドウの内容を再表示する必要があります。背景色を変更するときには、変更する領域の座標を計算してその領域をすべて塗りつぶしたあとで、ウィンドウの内容を再描画する必要があります。

　ウィンドウをオブジェクトとして扱えば、単にウィンドウを移動するというメソッドを実行するだけで、キャプションや背景など、ウィンドウに属するすべてのものが適切に移動されます。

　このようなことを考えると、メソッドやプロパティを利用するオブジェクト指向のアプローチの方が、プログラミングがはるかに容易であることがわかります。

■ カプセル化

　データとデータを操作するためのコードを一つにまとめることをカプセル化（Encapsulation）といいます。オブジェクトのデータはオブジェクトのメソッドを使って操作するようにして、特に必要がなければオブジェクトの内部を知らなくてもそのオブジェクトを使うことができるようにクラスを設計します。つまり、外部からの操作に必要なものだけを公開し、オブジェクトの内部詳細は隠します。

　これは実際にオブジェクト指向のプログラミングを行う際にはとても重要なことですが、これを真に理解するためには具体的なコード例を学ぶ必要があるので、ここではオブジェクトの中身はオブジェクトの中に取り込み、必要に応じて外から見えないように隠すことができると理解しておいてください。

■ 継承

オブジェクト指向プログラミングでは、通常、継承という概念を使って、以前に定義したクラスから別のクラスを派生させることができます。

クラスは、他の既存のクラスから派生することができます。派生したクラスは、元のクラスを継承します。継承とは、あるクラスから派生したクラスが、もとのクラスが持つ特性や動作などを引き継ぐということです。

■ スーパークラスとサブクラス

わかりやすい例で例えると、まず、「4本足の動物」をAnimal（動物）クラスとして定義したものとします。この「クラス」は、四本足（legs=4）で名前（name）と体重（weight）があり、歩く（walk）ことができるということだけはわかっていますが、どんな種類の動物であるかという点が未確定の、定義がややあいまいなクラスです。

プログラムの中で実際に具体的な犬というもの（オブジェクト）を使いたいときには、「Animalクラス」から派生したクラスとして、たとえば、「Dogクラス」という、より具体的なクラスを定義します。「Dogクラス」は、「Animalクラス」のもつあらゆる特性（四本足、名前がある、体重がある）や動作（歩くなど）をすべて備えているうえに、さらに「犬」として機能する特性（尻尾が1本ある）や動作（ワンと吠える）を備えています。つまり、「Dogクラス」は、より一般的な「Animalクラス」のもつ特性や動作を継承しているといえます。

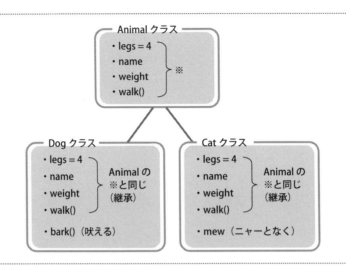

図6.4●継承（クラスの派生）

あるクラスを継承して別のクラスを宣言するときに、継承元のクラスとして使われるクラスをスーパークラスといい、継承して作成した新しいクラスをサブクラスといいます。

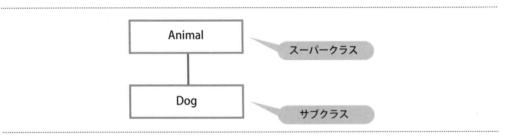

図6.5●スーパークラスとサブクラス

スーパークラスは、基本クラス、ベースクラス、親クラスあるいは上位クラス、派生もとのクラスなどと呼ばれることがあります。

サブクラスは、派生したクラス、子クラスあるいは下位クラス、継承したクラスなどと呼ばれることがあります。

6.3 オブジェクト指向プログラミング

■ スーパークラスの定義

ここで、PythonでDogクラスとCatクラスを定義して使うことを考えてみましょう。

個々のクラスをまったく別々に定義することもできますが、最初にAnimalクラスを定義して、それを継承するサブクラスDogクラスとCatクラスを定義すると、Animalクラスに共通することはAnimalクラスに記述できるので、コードを整理できます。

そこで、まず、スーパークラスであるAnimalクラスを定義してみましょう。

```python
class Animal:
    legs = 4
    def __init__(self, nam, w):
        self.name = nam
        self.weight = w
    def walk(self):
        print('walk...')
```

このクラスの定義では、足の数を表すlegsを定義し、さらにdefを使って初期化メソッド__init__()および歩くメソッドwalk()を定義しています。

■ サブクラスの定義

次に、サブクラスであるDogクラスを定義してみましょう。次のように定義します。

```python
class Dog(Animal):
    def __init__(self, nam, w):
        super(Dog,self).__init__( nam, w)
    def bark(self):
        print('Wanwan')
```

ここで、superというキーワードを使っていることに注目してください。superは文字通りスーパークラスを意味し、この場合、Dogクラスの初期化関数__init__()

でスーパークラスの __init__(self, nam, w) を呼び出しています。そして、さらに bark()（吠える）というメソッドを追加しています。

このクラス定義を使ってインスタンス pochi を作って使ってみます。

```
>>> class Animal:
...     legs = 4
...     def __init__(self, nam, w):
...         self.name = nam
...         self.weight = w
...     def walk(self):
...         print('walk...')
...
>>> class Dog(Animal):
...     def __init__(self, nam, w):
...         super(Dog,self).__init__( nam, w)
...     def bark(self):
...         print('Wanwan')
...
>>> pochi = Dog('Pochi', 32 )
>>> pochi.walk()
walk...
>>> pochi.name
'Pochi'
>>> pochi.bark()
Wanwan
>>>
>>> pochi.legs
4
```

Cat クラスは Dog クラスと同じように定義できます。ただし、泣き声だけは「Nyao,Nyao」に変えます。

```
class Cat(Animal):
    def __init__(self, nam, w):
        super(Cat,self).__init__( nam, w)
    def mew(self):
        print('Nyao,Nyao')
```

Animal、Dog、Cat クラスをまとめると、次のようになります。

```
class Animal:
    legs = 4
    def __init__(self, nam, w):
        self.name = nam
        self.weight = w
    def walk(self):
        print('walk...')

class Dog(Animal):
    def __init__(self, nam, w):
        super(Dog,self).__init__( nam, w)
    def bark(self):
        print('Wanwan')

class Cat(Animal):
    def __init__(self, nam, w):
        super(Cat,self).__init__( nam, w)
    def mew(self):
        print('Nyao,Nyao')
```

Note　クラスの定義や使い方に関する考え方は、他のプログラミング言語でも同じです。

■ ポリモーフィズム

　ポリモーフィズム（polymorphism）は、多態性ともいい、同じ名前で複数のものを定義できる性質です。ポリモーフィズムによって、同じ名前のプロシージャを作成することができます。そして、特定のオブジェクトのメソッドを呼び出すと、そのオブジェクトや引数から適切なプロシージャが呼び出されるようになります。

　たとえば、異なる図形を描いて管理するいくつかのクラスがあるものとします。各図形は、同じ Draw() というメソッドを持っていて、このメソッドを呼び出すと、円

のオブジェクトは円を描き、四角形のオブジェクトは四角形を描きます。ポリモーフィズムが実現されていれば、プログラムからこれらのメソッドを呼び出すときに、図形の種類に応じて呼び出す関数を変える必要はありません。`obj.Draw()` という形式で呼び出すだけで、`obj` の型（この場合は円か長方形）に応じて適切なメソッドが呼び出され、目的の図形が描かれます。このようなことを可能にするのがポリモーフィズムです。

■ 多重継承とインターフェース

多重継承とは、複数のスーパークラスを継承して新しいクラスを作ることを指します。たとえば、ハンバーガークラスを、バンズ（パン）とパティ（中に入れるハンバーグ）クラスを継承して作ることを多重継承といいます。

図6.6●多重継承

ただし、多重継承は、二つのスーパークラスのうちどちらが主役かわからない、一方のスーパークラスを変更したときの影響が大きい（パティの材料を魚にしたらもはやハンバーガーと呼んで良いのか）などの問題があるために、多重継承はあえてできないようにしているプログラミング言語もあります。

多重継承の代わりによく使われる方法として、インターフェースとよぶものを使う

方法があります。インターフェースは、インターフェースからクラスへのアクセスの方法だけを提供するものです。たとえてみるなら、スパイスを変えてもバンズから派生したハンバーガーはハンバーガーであることには変わらない状態とも言えます。

問題 6-3

次のうち、間違っているものを選んでください。
- A. クラスは常にほかのクラスとはまったく関係がない。
- B. クラスのメンバーであるプロパティを、必要に応じてクラスの外部からアクセスできないようにすることができる。
- C. さまざまなことに対応できる巨大な一つのクラスを作るよりも、継承を利用してツリー構造の一連のクラスを作るほうが良い。
- D. 犬を表す Dog クラスと猫を表す Cat クラスを定義するときに、そのスーパークラス（親クラス）として動物を表す Animal クラスを定義することができる。

ネットワークとAI

ネットワークとAI（Artificial Intelligence、人工知能）は、コンピューターを利用した世界を激変させました。しかし、プログラミングという観点からは基本的な部分はこれまで説明したものの応用であるといえます。

7.1 ネットワーク

　現在の多くのコンピューターシステムやコンピューターを内蔵した各種デバイスは、ほかのシステムとの通信の機能を備えています。システムとシステムを接続するための通信網をネットワークと呼びます。

■ ネットワーク

　ネットワーク（Network）とは、システムとシステムを接続するための通信網のことです。通常は、2台を超えるシステムを接続することを目的とし、インターネットのように事実上、無限の台数のシステムを接続するものもあります。

　接続の方法には、有線（LAN、ISDNによるダイアルアップ、光ファイバーなど）と、無線（無線LAN、Bluetooth、携帯電話網など）があります。

　ネットワークは、LAN（local area networks、ローカルエリアネットワーク）とWAN（wide area networks）に区別されます。LANは、一つのオフィスや構内などに限定されたネットワークです。WANは隣接する都市間から世界中のネットワークまで、より広い範囲のネットワークです。

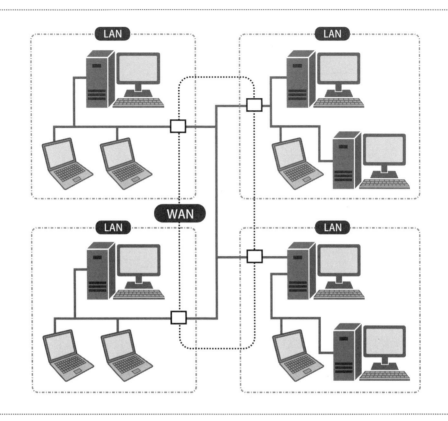

図7.1 ● LANとWAN

 Wi-Fi（ワイファイ）は、一種の無線LANの形態です。

■ プロトコル

　ネットワークで情報をやり取りするための取り決めをプロトコルといいます。

　インターネットをはじめとする多くのネットワークで基礎となるプロトコルは、TCP/IPです。TCP/IPは、TCP（Transmission Control Protocol）とIP（Internet Protocol）を結合した名前ですが、ネットワーク層のプロトコルであるIPと、トラン

スポート層のプロトコル TCP および UDP（User Datagram Protocol）で構成されていて、まとめて TCP/IP プロトコルスイート（TCP/IP Suite）といいます。

ホームページの閲覧に使われる HTTP（HyperText Transport Protocol）は、ハイパーテキスト転送プロトコルといいます。このプロトコルのセキュリティーを高めたプロトコルとして、HTTPS（Hypertext Transport Protocol Secure）があります。

ファイルの転送（アップロード／ダウンロード）には FTP（File Transfer Protocol）がよく使われます。

アプリの開発者は、いずれに対応したプログラムも、それぞれの取り決めに従ったネットワーク通信をサポートするライブラリを使って作成します。

ここで重要なことは、通信するための接続を確立するためには、通信や接続に関する取り決めが必要であり、それにはさまざまなレベルと種類があるという点です。

■ インターネット

世界的な規模のネットワークであるインターネット（Internet）は、現在では日常生活に不可欠なものになりました。

インターネットは、米国防総省の先進技術研究機関である DARPA（Defense Advanced Research Projects Agency、国防高等研究計画庁）によって 1973 年に始められた研究プログラムから始まりました。インターネットは、多数のマシンを巻き込む WAN と LAN の世界的な通信網であるといえます。

インターネットはドメインを集めたものであるといえます。ドメイン（domain）は複数のマシンが接続されている小規模なネットワークです。

インターネットに接続されたマシンは、IP アドレスと呼ばれるユニークなアドレスを割り当てられます。IP アドレスは 192.168.123.001 のようなピリオドで接続された数値です。この数値は覚えにくく取り扱いに不便なので、一般的には IP アドレスに対応する文字列の名前を使います。この名前をドメインネーム（domain name、ドメイン名ともいう）といいます。たとえば、インターネットで使われている技術の標準化団体である W3C のドメイン名 w3.org の実際の IP アドレスは、128.30.52.45 です。

IP アドレスとドメイン名の対応を管理し、ドメイン名から IP アドレスを調べる機能

を提供するマシンをネームサーバー（name server）といいます。

従来は使用可能な IP アドレスの個数が約 2^{32}（約 43 億）個である IPv4 が使われてきましたが、最近は使用可能な IP アドレスが非常に多い IPv6（Internet Protocol Version 6）が使われるようになってきました。IPv6 アドレスは 2001:0db8:bd05:01d2:288a:1fc0:0001:10ee のようなコロンで接続された数値です。

■ ウェブ

インターネットで最も重要なのは、World Wide Web（WWW、単にウェブともいう）です。

WWW は、ネットワーク上で、ある情報ページから他のページへ移動できるようにするドキュメントシステムです。ドキュメントの記述には HTML（Hypertext Markup Language）を使い、ハイパーテキストリンクを使ってページやリソースをリンクします。これは、インターネット標準のドキュメントシステムとして普及し、世界規模の巨大なウェブが構築されています。WWW で使われる技術については W3C（World Wide Web Consortium）が標準化しています。

WWW の上のハイパーテキストドキュメントはウェブページといい、密接に関連した一連のウェブページをまとめたものをウェブサイトといいます。

日本ではウェブページやウェブサイトのことをホームページと呼ぶ習慣がありますが、本来、ホームページはウェブサイトで最初に表示されることを意図したインデックスページまたはそのウェブサイトの中心的なページのことです。

WWW でウェブページがある場所は、URL（uniform resource locator）で識別されます。典型的な URL の例を次の図に示します。「http://nantoka.co.jp/books/cs/compute.html」の先頭の「http」はプロトコルを表します。「://」のあとの「nantoka.co.jp」はホストの名前を表します。その右側はホストのファイルシステ

ムの中のドキュメントがあるディレクトリパスを表します。最後の / の右側はドキュメント名です。

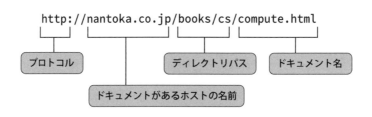

図7.2●URLの例

「http://nantoka.co.jp/」のようにプロトコルとホストの名前を指定すると、ウェブサーバーであらかじめ決められたページが表示されます。一般的には、表示されるのはホームページ（インデックスページ）です。インデックスページには index.html という名前を付けるのが普通ですが、ほかの名前である場合もあります。

HTMLで記述されたウェブページは、タグ付きのテキストドキュメントです。HTMLページの例を次に示します。

```
<!DOCTYPE html>

<html lang="en" xmlns="http://www.w3.org/1999/xhtml">
<head>
    <meta charset="utf-8" />
    <title>プログラミングがわかる</title>
</head>
<body>
    <h1>プログラミングとは</h1>
    <p>プログラミングとは、プログラムを作ること。</p>
</body>
</html>
```

これは、ヘッド（head）とボディー（body）という二つのセクションから成り立っ

ています。ヘッドはタイトルやこのドキュメントの属性を表す情報です。ボディーはウェブブラウザに表示される内容を含んでいます。

図7.3●HTMLページを表示した例

プログラミングに関連してHTMLで重要なのは、本書でもたびたび取り上げているJavaScriptというプログラミング言語です。また、HTMLでは、ページのスタイルを指定するCSS（Cascading Style Sheets）や、グラフィックスを表現するSVG（Scalable Vector Graphics）のような言語も重要です。

ウェブサーバー側では、PHPやRubyというプログラミング言語を使って動的なウェブページ作成することがよくあります。

■ **電子メール**

電子メールもインターネットの重要な要素になりました。電子メールはメールアドレスで送信先を識別します。メールアドレスは、dog@nantoka.com のような形式で、この場合、nantoka.com がドメイン名、dog はメールを送受信する人の名前です。

電子メールメッセージは、最初にドメインのメールサーバーに送られます。メールサーバーはそれをインターネット上であて先のドメインのメールサーバーに転送します。メールサーバーは、ユーザーが見るまでメールを保管します。ユーザーはメールサーバーにメールを送受するためにメーラーを使います。

メールを送受信するプログラミングでは、メール送受信のためのライブラリを使い

7 ネットワークとAI

ます。

問題 7-1

次のうち、間違っているものを選んでください。
- A. あるパソコンと別のパソコンを接続したものをネットワークという。
- B. ネットワークで接続されたシステム同士の通信の際に使われる決まりをプロトコルという。
- C. インターネットは巨大なネットワークに過ぎない。
- D. ホームページとは、本来は index.html などの名前でサイトのルートに保存されるインデックスページのことである。

7.2 セキュリティー

コンピューターが普及する以前は、セキュリティーは現在ほど重要な問題ではありませんでした。しかし、コンピューターを誰もが使うことができ、どこにでも接続できるようになって、セキュリティーはとても重要な問題になってきました。

■ システムのセキュリティー

情報やシステムの安全性、あるいは、情報やシステムを保護するための安全対策をセキュリティーといいます。セキュリティー上の欠陥をセキュリティーホール(security hole)といいます。

ネットワークでは特にセキュリティーが重要ですが、ネットワーク以外でもセキュリティーが重要になることがあります。たとえば、USBメモリーを介してウィルスに感染することもあります。

■ セキュリティー対策

　一般的には、データやシステムにアクセスできるユーザーやユーザーのグループを制限し、特定のユーザーやグループにアクセスの権限を与えることでセキュリティーを確保します。

　無許可のアクセスを防ぐために最もよく使われている方法は、パスワードでアクセスを制限することです。パスワードを使ったセキュリティーはかなり有効ですが、残念なことにパスワードは盗まれたり推測されたりすることがあります。

　権限のないユーザーには、ネットワークはもちろんのこと、物理的にシステムにいっさい接触できないシステムは、最もセキュリティーの高いシステムであるといえます。このようなシステムを実現するために、たとえば、システムを特別な部屋に設置して、その部屋への入室さえ限定することがあります。

　部屋への入室やコンピューターへのアクセスなどに、顔の形や声紋、指紋や網膜、静脈を流れる血流などで個人を識別して認証することを、生体認証（biometrics、バイオメトリクス）といいます。パスワードとは違って盗まれることがなく、また他人になりすますことが困難であるため、最も確実な認証方式であると考えられています。

■ 暗号化

　高度なセキュリティーを実現する上で重要なのが暗号化技術です。多くのプログラミング言語には暗号化（平文を暗号文にすること）と復号（暗号文を平文にすること）に必要な基本的な機能がライブラリという形で提供されています。

問題 7-2

次のうち、間違っているものを選んでください。
- A. インターネットに接続されたシステムはセキュリティーに関してなんらかの対策が必要である。
- B. セキュリティーを高めるために ID とパスワードの組み合わせがよく使われる。
- C. USB メモリーや DVD など、ネットワークにつながないものでデータを受け渡

すときには、セキュリティーについて心配する必要はない。
D. セキュリティーに関して暗号技術は重要である。

7.3 AI

　AI（Artificial Intelligence、人工知能）は、現代の最も重要な技術の一つです。コンピューターがよりインテリジェントな作業を行うように要求されるに従って、AI（人工知能）と呼ばれる分野の研究が推し進められました。

■ AIの実態

　誤解されることが多いのは、AIとか人工知能という魔法のような方法があって、人間は何もしなくてもコンピューターが難しい判断を素早く適切に行ったり、人間にはとうてい考えもつかない方法をAIが生み出してくれるという幻想です。実際にはAIはそのようなものではありません。あくまでも人間がデータをもとにアルゴリズムを考えることで、人間だけではできないことを実現したり、人間がやったら膨大な時間がかかることを素早く実現するのがAIです。

　AIを活用したシステムでは、実行することを人間が細かく指示しなくてもコンピューターが実行すべきことを判断して実行するものもありますが、「コンピューターが実行すべきことを判断して実行する」ことを決める方針や基本的な実行の方法は、やはり人間が指示しなくてはなりません。

■ ビッグデータ

　ビッグデータとは、巨大で複雑なたくさんのデータのことです。ネットワークやさまざまなセンサー、大容量記憶装置のおかげで、さまざまなデータを大量に集積することが容易になりました。そのため、膨大なデータから人間にとって役立つ情報を取

り出したり、それをもとに人力だけでは不可能なことも推測することができるようになりました。

　たとえば、ある市の 10 年後の人口を予測するとします。そのときに、過去 3 年間の人口の推移だけでは、とうてい正確な予測はできないでしょう。しかし、過去 50 年間の年齢別の人口推移とその市への転入・転出者の数、出生数や死亡数など多くのデータがあれば、かなり正確な予測が可能です。

　ここで重要なことは、データは、ただ単に雑多なデータがたくさんあればよいというものではなく、分類されて整理されていなければならないということです。たくさんの整理されたデータを分析することで、規則や判断基準などを抽出することができます。

■ AI とプログラミング

　AI（Artificial Intelligence、人工知能）を活用したシステムでは、実行することを人間が細かく指示しなくてもコンピューターが実行すべきことを判断して実行するものがあります。しかし、「コンピューターが実行すべきことを判断して実行する」ことを決めるための方針や基本的な実行の方法は、やはり人間が指示しなくてはなりません。この指示は、プログラミングを通して行われます。

　たとえば、ある商品を複数の店舗に配送しなければならないとします。配送ルートを決定する要素として、店舗ごとの配送数、各店舗までの距離、各店舗までの経路にあるそれぞれの道路の状況（幹線道路、脇道、路地、一方通行など）、道路の渋滞状況などの情報をもとにさまざまな組み合わせを計算してみれば最適な配送ルートを決定できるでしょう。しかし、コンピューターにはどの情報にどういう場合にどの程度の重要性を持たせたら良いのか、ということは判断できません。このような点は人間が指針あるいは決定の方針をコンピューターに指示しなければなりません。このような指示はプログラミングを通して行います。

　もう一つの例として、外国語の翻訳について考えてみましょう。人間が日常使う自然言語の処理は、あいまいさや文脈との関係、背景となる文化や歴史などとの関係があるために、とても困難です。外国語の文章を翻訳する技術一つにしても、現時点で

はコンピューターの翻訳は人間の優秀な翻訳者には及びません。原語の意味やその背景となっているものごとを深く理解してから翻訳先の言語で文章を作るのではなく、コンピューターによる翻訳では主に言語の置き換えに頼って翻訳が行われているからです。

　コンピューターが自然言語を理解するようになれば、背景も考慮した翻訳ができるようになるでしょう。自然言語をコンピューターが「理解」するようになるには、多くのデータの蓄積と推論機構が必要になります。つまり、コンピューターで優れた翻訳を実現するには、あいまいで複雑な自然言語を理解するという課題と、人間の知識と経験に匹敵するようなデータベースを構築すること、さらにはあいまいなことや前後関係から推理によって別の言語の文を構成するという、いくつかの大きな課題を解決する必要があります。これらの課題にはいずれも高度なプログラミングが必要になります。

　これまでの買い物の傾向から次にある人が興味を持つであろう物を予測したり、迷惑メールを振り分けたり、従来は人間が目で見なければ判断できなかった画像の判定など、たくさんのデータを解析し、そのデータから規則や判断基準などを抽出することを特に機械学習といいます。

AIのプログラミングをサポートするためのライブラリが提供されはじめています。たとえば、Pythonでは機械学習のライブラリの代表的なものとしてscikit-learn、データ解析のためのpandas、機械学習にも使うことができるOpenCVへのインターフェースを提供するpyOpenCVなどが使われています。

問題 7-3

次のうち、間違っているものを選んでください。

A. AIとは、人間は何もしなくてもコンピューターが難しい判断を素早く適切に行ったり、人間にはとうてい考えもつかない方法を生み出してくれる魔法のような技術である。
B. 雑多なデータが多数あるだけではビッグデータとは言わない。
C. ビッグデータはAIにとってキーとなるものである。
D. AIにもプログラミングは必要である。

プログラミングのお仕事

　プログラミングを習得すると、さまざまな仕事に生かすことができます。ここでは、プログラミングと仕事やプログラミングの学習を始めるために知っておくとよいことについて解説します。

8 プログラミングのお仕事

8.1 いろいろな職業

プログラミングをマスターすることが必須な仕事や、プログラミングについて知っているほうが有利である仕事には次のような職業があります。

■ プログラマ

プログラミングを仕事にしているひとはプロのプログラマです。プログラマといっても、その担当範囲はとても広く、CPU の内部に保存されるプログラムのプログラマから、たとえばエアコンのリモコンのような機器に内蔵されているチップのプログラマ、Windows や Linux、Android のような OS のプログラマ、デバイスドライバのプログラマ、アプリのプログラマなどさまざまです。ウェブサイト（いわゆるホームページ）を作るウェブデザイナーも、プログラミングの知識が必要です。

これら全部に精通してすべてに携わっている人はいません。いいかえると、プログラマといってもいずれかの領域を得意分野として選択してその分野の知識と経験を深める必要があるということです。

とはいえ、プログラマとして必要な基礎的な知識は共通しています。また、プログラミング言語は、一つをマスターすれば他の言語をマスターするのは容易なので、一つの分野を深く知っていれば、他の分野を手掛けるのも比較的容易です。

特定の種類のゲームプログラムの開発には特定のゲームエンジンを使ったり、特定の種類のアプリの開発にそのアプリの開発システムを利用することもできます。その場合は必ずしも一般的なプログラミングの知識や経験を必要とせず、特定のツールの使い方を習得するだけで良い場合もありますが、そのような知識と経験はツールが変わったりなくなったら価値がなくなることや応用が利かないという問題点があります。

■ システムエンジニア

SE と呼ばれるシステムエンジニア（Systems engineer）は、日本固有の呼称です。明確な定義はありませんが、ソフトウェアエンジニア、ソフトウェア開発者、プログ

ラマ、ハードウェア技術者などのうち、主に設計にかかわる仕事をし、仕様書と呼ぶ文書を作成しシステムを実現するためのさまざまな調整をするのが主な仕事です。なお、SE は Software Engineering の略称としても使われます。

システムエンジニアの職務では、基本的には自分ではプログラムを作成しませんが、プログラミングについて詳しくないと、妥当な仕様書を作成できません。

■ ウェブデザイナー

ウェブデザイナーはウェブサイト（いわゆるホームページ）を作って管理します。デザインだけを手掛ける人もいますが、一般的にはサーバーサイド（ウェブサーバーで実行されるプログラム）のプログラミングと、クライアントサイド（ウェブブラウザなどのアプリの中で実行されるプログラム）のプログラミングの両方のスキルが必要です。

ウェブデザインには、HTML や CSS とプログラミングの知識がなくても利用できる便利なホームページ作成ツールもあります。しかし、高度なことや細かい調整などをしたいときには HTML と CSS、プログラミングの知識が必要です。加えて、デザインのセンスとスキルも必要になります。

■ 教育

プログラマや SE、ウェブデザイナーなどを育てる専門家のための教育とともに、一般のユーザーや生徒学生にプログラミングを教える仕事も、今後ますます重要になるでしょう。

プログラミングの教育分野で重要なことは、単に「ロボットを動かす」というようなことに必要なテクニックを身に着けることではなく、プログラミングの考え方を理解し応用できるようになることです。そのためには、本書で説明しているようなことを知識として知っておくことがとても重要です。指導的立場になるには、さらに、いずれかのプログラミング言語に精通して、プログラムを作る経験を積むことも望まれます。

■ ライター

プログラミングの解説書やマニュアルを書くライターも、書く内容についての十分な知識と経験が必要です。現在では、本やマニュアルのような、紙媒体だけでなく、PDF やいわゆるホームページで情報を提供することもあります。

■ ハードウェア技術者

今では、ほとんどどのようなハードウェアもプログラムを内蔵しています。たとえば、NC マシン（Numeral Control machine、数値制御工作機械）や PC に組み込まれているハードディスクはもちろん、高機能マウスやキーボードから各種のリモコンから自動車の構成部品まで、それぞれ制御用のチップを持ってそれぞれデバイスごとの小さなプログラムで制御されています。このようなハードウェアはプログラムなしでは機能しないので、ハードウェア技術者であっても、プログラミングは必須の技術です。

■ 一般の事務や製造業など

プログラミングを専門に行うプロのプログラマだけでなく、ビジネスや製造現場でもプログラミングの能力を役立てることができます。ビジネスにおいては統計や予測などに、製造現場においては NC マシンを使うために、プログラミングの知識が必要になります。特にプログラミング言語に精通する必要がなくても、処理や操作の背景となる知識としてプログラミングで使われる考え方を理解していることは重要です。

問題 8-1

次のうち、間違っているものを選んでください。

- A. プログラミングの知識と経験が必要なのはプログラマだけである。
- B. SE の資格や肩書は国際的に共通した資格や肩書ではない。
- C. いわゆるホームページをデザインする人も、プログラミングの知識は必要である。
- D. 最近は多くの製造現場でプログラミングが必要な製造装置が導入されている。

8.2 プログラミングの習得方法

プログラマになるためにプログラミングを習得する方法はいろいろあります。

■ 事前準備

　プログラミングを始める前に、パソコンやタブレットの使い方をマスターしておく必要があります。ファイルやフォルダ（ディレクトリ）について知っていて、ファイルのコピーや削除、テキストを作成して編集しファイルへ保存する方法などについてあらかじめ知っておく必要があります。

　Pythonのようなインタープリタ（インタラクティブシェル）で実行できるプログラムをその環境の中だけで実行することから一歩踏み出して、プログラムをファイルに保存して実行したり、コンパイルが必要なプログラミング言語をマスターしようとするなら、OSのコマンドプロンプト（端末、ターミナル、Windows PowerShellなどを含む）からのファイルの操作や実行の方法も知っておく必要があります。

　より高度なプログラミングに取り組むときには、文字エンコーディング（Shift-JIS、UTF-8など）やURL、環境変数などさまざまなことを知っておく必要があります。

　PICのプログラミングのようなデバイスに近いプログラミングを行うためには、ハードウェア（特にデジタル回路）の知識も必要です。

■ プログラミングの学習

　プログラミングを始める方法はいろいろあります。いわゆるホームページ作成からJavaScriptのようなプログラミング言語をページの一部として使うのも一つの方法ですし、開発ツールやゲームエンジンの使い方を知ることからプログラミングに足を踏み込むという方法もあります。しかし、プログラミングを基礎からしっかり学びたいなら、Pythonのような入門用に配慮されたプログラミング言語から始めるか、C言語やC++、C#、Javaなどの本格的なプログラミング言語に取り組むのが良いでしょう。

特に当面の明確な目的がなければ、プログラミング言語はこれらのうちどれから始めても構いません。一つのプログラミング言語をマスターしてしまえば、他の言語でのプログラミングを習得するのは比較的容易です。

　現在ではインターネット上に情報があふれています。プログラミングについても例外ではなく、多くの情報をインターネットで得ることができます。しかし、インターネットの情報は断片的であったり、古い情報に基づいていながらそのことが明示されていなかったり、ときには明らかな間違いや勘違いも少なからず含まれているので、利用するときには注意しなければなりません。やはり、最初は印刷出版されている書籍を読んで勉強するのが良いでしょう。印刷出版されている書籍は、必ず対象とするソフトウェアやそのバージョンや、執筆・出版時期が明示されています。また、印刷出版の過程において、著者だけでなく、編集者の目も通されているので、書籍には一定の信頼性があります。

■ 効果的な学習方法

　書籍をベースにするにしろ、ホームページの情報を基に勉強を始めるにしろ、プログラミングを確実にマスターするために絶対に必要なことは、プログラムを実際に自分で作ってみることです。小さな課題でもかまいませんし、それまでに学んだことを応用して自分でできると思う範囲のプログラムからとりかかってもかまいません。とにかく自分でプログラムを作って実行してみることが重要です。本やホームページを読むだけでは、決して実力は身に付きません。

　既存のサンプルプログラムを変更して何かを作ったり実験してみることも悪くはありませんが、重要なのはその際に必ずプログラムを十分に理解してから変更することです。わからないまま、この辺を変更すればよいだろうと適当に見当を付けてコードを変えては実行してみることを繰り返すという方法は時間と労力の無駄使いです。

■ 情報の収集能力

　プログラミングの世界は変化が速いこともあり、プログラミングに関する詳細をすべて覚えておくことはできません。プログラミングの本質的な部分は25年単位でもほ

とんど変わりませんが、技術やプログラミング言語、開発ツールなどは常に更新されているので、詳細は頻繁に変わります。また、特定の目的を達成するために、普段なじみのない領域に踏み込まなければならない場合もあります。そのようなときに、適切な情報を素早く収集する能力は重要です。

■ プログラミングの資格

プログラミングの世界にも、さまざまな資格があります。しかし、プログラマの実力と資格は全く関係ありません。資格は資格取得のための勉強をしてとるものです。その過程でプログラミングについて学ぶことはありますが、資格を取ったらプログラミングの実力が付くわけではありません。

なお、公官庁や一部の企業では特定の資格の取得を就職の条件にしたり、資格取得に対して手当を払っているところもあるので、そのような場合は資格を取得する理由があります。また、プログラミングの勉強のモチベーションを高めるためにも、資格は役立ちます。

民間資格の中には資格ビジネスのためや自社の経営戦略の一つとして運営されていて実質的にはほとんど意味がないものもあるので、良く調べてから資格取得を目指すことをお勧めします。

問題 8-2

次のうち、間違っているものを選んでください。

A. プログラミングを学ぶときには、ホームページだけに頼らず、書籍を活用するほうが良い。

B. これからプログラミングを学ぶ人は、PythonやVBAのような初心者用のプログラミング言語を最初に学ばなければならない。

C. プログラミングをマスターするために必要不可欠なことは、自分でプログラムを作ることである。

D. プログラミングの資格の有無とプログラミングの実力には決定的な関係はない。

8.3 プログラミング言語の選択

ここでは、さまざまなプログラミング言語の中から、修得するプログラミング言語を選ぶ指針を示します。

■ さまざまな言語がある理由

現在、よく使われているプログラミング言語だけでも、とても多くの種類があります。プログラミング言語が一つなら話が簡単になると思うかもしれませんが、そうならない理由があります。

たとえば、初心者には、コードを入力するとすぐに結果が得られる Python のようなインタープリタ言語が学びやすいでしょう。しかし、インタープリタ言語のプログラムは命令が1ステップずつマシン語に変換されて実行されるので、実行速度が遅いという問題があります。そのため、高速で実行されることが要求される大規模なプログラムには適しません。

C 言語や C++ 言語のようなコンパイラ言語のプログラムは、プログラムをあらかじめマシン語に変換しておいて実行するので、インタープリタ言語よりは高速で実行できます。そのため、より早く実行できるようにしたい場合や膨大なデータを扱う場合に適しています。

単純なリモコンやマウスのような比較的シンプルな装置の中で実行するプログラムは、できるだけコンパクトで、ハードウェアを直接制御できるプログラミング言語が適しています。そのような場合によく使われるのが、アセンブラ（アセンブリ言語）です。

一方で、ウェブページ（ホームページ）に埋め込まれるプログラムは、ウェブページを記述する言語であるHTMLと親和性の高いJavaScriptのようなプログラミング言語が求められます。
　さらに、天文、気象、構造など、理工学分野では、科学技術計算に向いているプログラミング言語Fortranの膨大なプログラム資産があり、それらを利用したい場合はFortranを選択する必要があります。
　このように、用途や要求によって、適切なプログラミング言語は異なります。そのため、さまざまなプログラミング言語が使われています。

■ 最初に学ぶプログラミング言語

　特定のロボットを制御するとか、特定のプログラムを開発するなどの具体的な目的がないなら、最初に学習するプログラミング言語はPythonやSmall Basicのようなシンプルなインタープリタ言語が最適です。
　はじめてプログラミング言語を学ぶ場合であっても、いわゆるオフィスと呼ばれる種類のアプリでの作業を簡素化したいというような目的があるなら、VBA（Visual Basic for Applications）やフリーのオフィスアプリに内蔵されているようなマクロ言語またはスクリプト言語と呼ばれるプログラミング言語から始めるという選択肢もあります。
　また、ウェブページを作るために学びたいという明確な目的があるなら、JavaScriptのようなHTML内で使える言語や、サーバーサイドで動的なウェブページ作成するために最適なPHPやRuby（Ruby on Rails）のような言語やフレームワークから始めても構いません。ゲームを作りたいなら、Unityというゲームエンジンを使うことから始めるという方法もあります。
　さらに、理工学分野では、プログラミング言語Fortranのような科学技術計算に向いているプログラミング言語からプログラミングの世界に踏み込むのも良いでしょう。

特定のフレームワークやゲームエンジンでプログラミングの経験をスタートすることは悪いことではありません。しかし、特定のフレームワークやゲームエンジンだけに精通しても、フレームワークやゲームエンジンはプログラムの動作に必要な詳細を隠蔽しているので、そうしたツールの使い方に精通するだけで、基本的なプログラミングの力はつきません。そのため、それらが時代遅れになったり、それらがすたれて別の有力なフレームワークやゲームエンジンが主流になったときには、ほとんどゼロに近いところから再出発しなければならないでしょう。また、背後に隠れているバグに遭遇したり、プログラムが思ったように動かないときなどに、原因を究明するのが困難である場合があります。フレームワークやゲームエンジンに隠されている部分を理解し、将来にわたって通用する真のプログラミングの力をつけるためには、フレームワークやゲームエンジンなどを使わずに、次の「基礎を固めるプログラミング言語」で説明するようなプログラミング言語で基本的なことを学習することも並行して行うことが必要です。

■ 基礎を固めるプログラミング言語 ■

　コンピューターやソフトウェアの専門家になりたいなら、ハードウェアからアプリまでを総合的に理解できるC言語とC++、そしてアセンブラ（アセンブリ言語）を学ぶべきです。これらの言語を深く学ぶことによって、ハードウェア上でプログラムが実際にどのように動いているのかということを知ることができます。

　PythonやJavaなどを深く追及することも、プログラミング全体を理解することに役立つでしょう。

いずれかのプログラミング言語を学んでから本書を読み返すと、本書の内容がより具体的かつ明確にわかり、新たな発見があるでしょう。

8.4 プログラミングの未来

　プログラミングの世界は、変化の速度が非常に速いですが、一方で、1970年代初めから使われ続けているC言語のように長い歴史を持つものもあります。

■ 言語の推移

　電子計算機と呼ばれた初期のコンピューターでは、それぞれのハードウェアごとにアセンブラ（アセンブリ言語）が使われていました。その後、高級言語と呼ぶアセンブラよりも人間が理解しやすいいくつかのプログラミング言語が登場しましたが、大きなシステムではCOBOLとFORTRAN（当時のものは大文字で表記）というプログラミング言語が主に使われました。パーソナルコンピューター（PC）ではBASICがよく使われ、PCが仕事に使われるようになるとdBASEと呼ぶデータベース管理システム（DBMS）のプログラミング言語でアプリが作られるようになりました。

　歴史的には、それぞれの時代で、特定のアセンブラやCOBOL、FORTRAN、BASIC、dBASEなどのどれかが使えればプロのプログラマとして活躍できる時代がありました。しかし、現在ではFortran（現代のものは先頭だけ大文字表記）以外の上記のプログラミング言語でできる本格的なプログラミングはほとんどなくなりました。

　このことから、どれか一つのプログラミング言語を覚えれば未来永劫プログラマとして活躍できるというプログラミング言語は存在しないということがいえます。

　また、現在では、プログラムやソフトウェアの実行環境の骨組みとなるフレームワークと呼ぶものがよく使われていて、実際に役立つプログラムを効率的に作ろうと思えば、単にプログラミング言語を習得するだけでなく、フレームワークや開発環境についても勉強する必要があります。

■ プログラミングの本質

　実際に現場で使われるプログラミング言語は変わっていますし、フレームワークも時と共に変わっています。しかし、少なくとも現在の仕組みのコンピューターが使われ続けている限り、プログラミングの本質は何も変わりません。そのような本質を知るためにぜひともマスターしておきたいのは、次のような言語です。

- アセンブラ
- C言語
- C++

　アセンブラは、プログラムが実際にコンピューターの中でどのように動いているのかということを知るためにぜひとも学んでおきたいものです。
　C言語は、従来の手続き型プログラミングと、メモリーやデータ構造などを理解するために学んでおくべき言語です。また、C言語は昔から現在まで継続して使われているメジャーなプログラミング言語です。
　C++はオブジェクト指向プログラミングをマスターするために知っておくべき言語です。C++の代わりにJavaやC#、Pythonなど他のよく使われるプログラミング言語でもかまいません。
　このようなプログラミングの本質を理解できるプログラミング言語を学んだプログラマは、時代がどのように変化しても活躍できるでしょう。

■ 自然言語によるプログラミング

　将来は、プログラミング言語を使わずに、私たちが会話に使っている自然言語でコンピューターを利用できるようになるだろうと想像する人もいるかもしれません。それは実際には部分的には可能になるでしょう。しかし、私たちが日常使っている自然言語で完全にシステムを利用することは不可能です。
　自然言語には、曖昧さがあり、さまざまな暗黙の了解のもとで使われています。そのため、自然言語で会話するときには、互いに想像力を働かせる必要があり、お互い

の背景や知識・経験の程度がわかっているという前提のもとに会話が成り立っています。そして、それでもときには誤解が生じます。

　自然言語でプログラミングが可能になるとしても、そのためには曖昧さの回避や前提条件の明確化などさまざまな制約があります。また、ものごとを順序だてて表現することも必要になります。つまり、将来、自然言語でプログラミングが可能になるとしても、現在のプログラミング言語によるプログラミングで必要となるプログラミング的思考が将来も必要であることに変わりはないでしょう。

問題 8-3

次のうち、間違っているものを選んでください。

- A. さまざまなプログラミング言語があるのは、プログラミング言語によって得意なことと不得意なことがあるからである。
- B. 近い将来にプログラマは必要なくなるので、プログラミングを学ぶことは無意味である。
- C. プログラミング言語はどれか一つ学べばそれでよいというものではない。
- D. かつてはもてはやされたものの、現在ではほとんど使われていないプログラミング言語も存在する。

付録 A 問題解答

問題 1-1

間違っているものは「**C.** 行うこととそれを行う順番を記述した内容をプログラミングという。」

解説　行うこととそれを行う順番を記述した内容はプログラムです。プログラミングはプログラムを作るという行為を指します。

問題 1-2

正しいものは「**B.** Pythonのプログラムでは、カメの図形を動かしながら線を描くことができる。」

解説　Pythonのプログラムでは、カメの図形を動かしながら線を描くことができます。このカメをロボットに置き換えて、ロボットに命令を送るインターフェースを接続すると、プログラムでロボットを動かすことができます。

問題 1-3

間違っているものは「**D.** プログラミングをすることにデメリットは何もない。」

解説　プログラミングに没頭するのは悪いことでありませんが、のめり込みすぎて健康を害することのないようにしたいものです。

問題 2-1

間違っているものは「**A.** プログラムを実行可能ファイルに変換するアプリをインタープリタという。」

解説 Pythonのようなプログラムを実行するためのアプリをインタープリタといいます。

問題 2-2

間違っているものは「**B.** アセンブリ言語（アセンブラ）は、日常の会話に使う自然言語に似ている。」

解説 アセンブリ言語（アセンブラ）は、CPUが直接理解する2進数の命令を、人間にとっていくらかわかりやすいように表現したものです。高水準言語に比べるとアセンブリ言語はわかりにくいですが、マシンをより直接制御することができます。

問題 2-3

間違っているものは「**A.** プログラマは、プログラムの全体を詳細にわたってすべて自分で作成しなければならない。」

解説 プログラムを作るときには、OSやBIOS、他の人が作ったライブラリなどが提供する機能（部分的なプログラム）を使うのが普通です。

問題 3-1

間違っているものは「**D.** プログラムは常にソースリストの上から下へと順に実行される。」

解説 プログラムの流れには、順次処理、分岐処理、繰り返し処理という三つの処理方法があります。順次処理ではソースリストの上から順に実行しますが、分岐処理や繰り返し処理では実行制御の流れが変わります。

問題 3-2

間違っているものは「**A.** 世の中の問題には必ずそれを解決するためのアルゴリズムが存在する。」

解説 解がないとか永遠に問題が解決しないなど、問題を解決するためのアルゴリズムが存在しない問題もあります。

問題 3-3

間違っているものは「**D.** 情報が多ければ多いほど常に良いデータである。」

解説 いくら情報が多くても、それが整理されていなかったり、種々雑多な情報が混ざっていたり、まったく関係のない情報ばかりなら意味がありません。

問題 4-1

間違っているものは「**C.** 一つのプログラミング言語でプログラミングをマスターしても、他のプログラミング言語の修得にはまったく役に立たない。」

解説 プログラミングで使われる概念や、プログラミング言語で使われるキーワードや命令の書式などは、プログラミング言語の種類にかかわらず同じであるかとても似ています。

問題 4-2

間違っているものは「**A.** 文字も数値も同じ種類のデータである。」

解説 文字や文字列と数値は、異なるデータとして扱います。一つの変数に文字でも数値でもどちらでも保存できるプログラミング言語もありますが、データとしての種類が異なるため、文字と数値を同じものとして扱うことはできません。たとえば、"ABC" という文字列を保存した変数に、12.34 という数値を加算して保存することはできません ("12.34" を文字列にしてしまって連結して "ABC12.34" として保存することはできますが、そうすると 12.34 という数値

としての意味を持たなくなります）。

問題 4-3

間違っているものは「**D.** 演算子はプログラミング言語によってまったく異なるので、ほかのプログラミング言語の知識は一切役に立たない。」

解説 演算子はプログラミング言語の違いにかかわらず同じか似ているので、あるプログラミング言語をマスターして、さらにほかのプログラミング言語を学習するときには、違う点だけを新たに覚えれば良いでしょう。

問題 5-1

間違っているものは「**D.** パスタを作るときに既製品のパスタソースを使うのは邪道である。」

解説 プログラミングの考え方で言えば、使える既製品はどんどん使うべきです。使える既製品がなかったり、既製品の機能や性能が目的に沿わないときには、自分で作ります。

問題 5-2

間違っているものは「**A.** サブルーチンとプロシージャは、まったく異なる概念である。」

解説 プログラミング言語によって呼び方が異なるものは多数あります。サブルーチンとプロシージャは同じものとして考えられることがあります。

問題 5-3

間違っているものは「**B.** 既成のライブラリを使うときには必ず許可を取り料金を払う必要があるので、ライブラリは自分で作ったほうが良い。」

解説 有料であったり、使用のための許諾が必要なライブラリもありますが、一般的には料金も許諾も不要です。

問題 6-1

間違っているものは「**C.** オブジェクト指向のプログラミングと日常生活にはまったく関連性がない。」

解説 私たちは日常生活で無意識のうちにいろいろなものをオブジェクトとして扱っています。その考え方をプログラミングに導入したものがオブジェクト指向プログラミングであるといってもよいでしょう。

問題 6-2

間違っているものは「**D.** 一連のオブジェクトをまとめたものはクラスライブラリである。」

解説 クラスライブラリは、一連のクラスをまとめたものです。

問題 6-3

間違っているものは「**A.** クラスは常にほかのクラスとはまったく関係がない。」

解説 クラスは親子関係を持たせることができ、子クラスは親となるクラス（スーパークラス）のプロパティやメソッドを継承することができます。

問題 7-1

間違っているものは「**A.** あるパソコンと別のパソコンを接続したものをネットワークという。」

解説 ネットワークは、通常、3台以上のシステムを接続したものを指します。

問題 7-2

間違っているものは「**C.** USB メモリーや DVD など、ネットワークにつながないものでデータを受け渡すときには、セキュリティーについて心配する必要はない。」

解説 ネットワークにつながないで利用できるデバイスであっても、セキュリティーは重要です。

問題 7-3

間違っているものは「**A.** AI とは、人間は何もしなくてもコンピューターが難しい判断を素早く適切に行ったり、人間にはとうてい考えもつかない方法を生み出してくれる魔法のような技術である。」

解説 人間は何もしなくても AI がなんでも解決してくれるというのは単なる幻想です。

問題 8-1

間違っているものは「**A.** プログラミングの知識と経験が必要なのはプログラマだけである。」

解説 プログラミングの知識と経験はどの分野でも役立ち、実際に自分ではプログラムを作らなくてもプログラミングの知識が必要になることもよくあります。

問題 8-2

間違っているものは「**B.** これからプログラミングを学ぶ人は、Python や VBA のような初心者用のプログラミング言語を最初に学ばなければならない。」

解説 その人の立場や目的に応じて、最初に学ぶべきプログラミング言語は違います。可能であるなら、身近に教えてくれる人がいるプログラミング言語から学ぶことも良い選択方法です。

問題 8-3

間違っているものは「**B.** 近い将来にプログラマは必要なくなるので、プログラミングを学ぶことは無意味である。」

解説　どんなに技術が発展しても、マシンが何から何までやってくれるわけではありません。プログラミングの技術や知識、そしてプログラミングで使う考え方は、世の中がどのように変化しても不要にはなりません。

付録B 参考リソース

ここには役立つ書籍やサイトを紹介します。

■ Python

- 『やさしい Python 入門』、日向俊二著、カットシステム
- Python 公式ウェブサイト（https://www.python.org/）
- Python に関する完全な解説（https://docs.python.jp/3/）
- 日本 Python ユーザー会のウェブサイト（http://www.python.jp/）

■ C 言語

- 『プログラミング言語C』、B.W. カーニハン、D.M. リッチー著、石田 晴久訳、共立出版株式会社

■ JavaScript

- 『初めてのプログラミングと JavaScript の基礎 JavaScript ①』、日向俊二、翔泳社

■ PIC

- 『やさしい PIC アセンブラ入門—マイコンで学ぶシンプルなアセンブラプログラミング』、日向 俊二、カットシステム

索引

■数字・記号

2 進数	84
2 分検索	58
>>>	13
¥n	25

■アルファベット

AI	152
BIOS	47
C 言語	24
C++ 言語	27
double	85
false	53, 94
float	85
Hello world	24
HTML 文書	6
HTTP	146
int	85
Lempel-Ziv 符号化	62
O	71
OS	37, 47
PIC	47
Python	12
TCP/IP	145
true	53, 94
URL	147
WWW	147

■あ

アセンブラ	45
アセンブリ言語プログラム	44
値	84
圧縮	61
アルゴリズム	52
暗号化	59, 151
イベント	108
イベント駆動型プログラミング	108
イベントハンドラ	110
イベントループ	108
インクリメント	101
インスタンス	130
インターネット	146
インターフェース	22, 141
インタープリタ	37
インデント	98
ウェブ	147
ウェブデザイナー	159
ウェブページ	5
英語	23
演算子	91
オーダー	71
オブジェクト	128
オブジェクト指向プログラミング	133
親クラス	136

■か

改行	25
鍵	61
学習	161
カプセル化	134
カメ	14
関係演算子	92
関数	24, 48, 119
関数ライブラリ	122
キー	61
偽	53, 94
基本クラス	136
キュー	78
クイックソート	69

索引

空間計算量	72
クライアント	8
クラス	130
クラスライブラリ	132
繰り返し処理	54, 100
クルト・ゲーデル	63
計算可能性	62
計算量	68
継承	135
言語仕様	82
言語の選択	164
検証	67
高級言語	46
高水準言語	4, 46
高速アルゴリズム	72
コーディング	4
子クラス	136
誤差	93
コメント	16, 25
困難な問題	64
コンパイラ	38
コンパイラ言語	40
コンパイル	39

■さ

サーバー	8
最大公約数	56
サブクラス	136
サブルーチン	48, 116, 118
算術演算子	91
シーザー暗号	59
シェルソート	70
資格	163
時間計算量	72
式	89
システムエンジニア	158
システムコール	47
実行可能ファイル	39
実数	84
巡回セールスマン問題	65
順次検索	58

順次処理	52
条件文	97
真	53, 94
人工知能	152
スーパークラス	136
スタック	77
ステートメント	89
ステップ数	68
制御構文	97
整数	84
正当性	66
セキュリティー	150
線形検索	58
選択ソート	70
前提条件	66
挿入ソート	70
ソースコードリスト	17
ソースファイル	38
ソースプログラムファイル	38
属性	128

■た

タートル	14
タートルグラフィックス	12
代入	90
代入演算子	95
タグ	6
多重継承	140
多態性	139
探索アルゴリズム	58
単純ジャンプ	103
逐次検索	58
注釈	16
積み込み問題	64
ツリー	78
停止問題	63
低水準言語	4
定数	87
低速アルゴリズム	72
データ型	84
データ構造	74

電子メール	149
動作	128
同値問題	63
ドキュメント	6
ドメイン	146
ドラッグ＆ドロップ	5

■な

ネームサーバ	147
ネットワーク	144

■は

ハードウェア技術者	160
配列	76
ハフマン符号化	61
バブルソート	69
ハミルトンの閉路問題	66
ヒープソート	70
ビジネル暗号	61
ビッグオー	72
ビッグデータ	152
ビルド	40
ブール値	54
不完全性定理	63
プリプロセス	40
プログラマ	158
プログラミング	2
プログラミング言語	10
プログラミング的思考	32
プログラム	3
プログラムリスト	17
プロシージャ	48, 119
プロシージャ呼び出し	105
プロトコル	145
プロパティ	128
プロンプト	13
文	89
分岐処理	53
文書	6
ベースクラス	136
ペン	20

変数	88
ポリモーフィズム	139

■ま

マージソート	70
マクロ	48, 120
マシンコード	43
メソッド	133
文字	86
文字コード	100
文字列	86

■や

ユークリッドの互除法	56
優先順位	96

■ら

ライター	160
ライブラリ	48, 122
ランレングスエンコーディング	61
リスト	17, 77
リテラル定数	87
リンク	40
例外	105
レコード	75
レジスタ	45
論理演算子	94

■ 著者プロフィール

日向 俊二（ひゅうが・しゅんじ）
フリーのソフトウェアエンジニア・ライター。
前世紀の中ごろにこの世に出現し、FORTRAN や C、BASIC でプログラミングを始め、その後、主にプログラミング言語とプログラミング分野での著作、翻訳、監修などを精力的に行う。
わかりやすい解説が好評で、現在までに、C#、C/C++、Java、Visual Basic、XML、アセンブラ、コンピュータサイエンス、暗号などに関する著書・訳書多数。

プログラミングがわかる本
必ず知っておきたいプログラミングの教養書

2018 年 10 月 10 日　初版第 1 刷発行

著　者　　日向 俊二
発行人　　石塚 勝敏
発　行　　株式会社 カットシステム
　　　　　〒169-0073 東京都新宿区百人町 4-9-7　新宿ユーエストビル 8F
　　　　　TEL (03)5348-3850　　　FAX (03)5348-3851
　　　　　URL　http://www.cutt.co.jp/
　　　　　振替　00130-6-17174
印　刷　　シナノ書籍印刷 株式会社

本書に関するご意見、ご質問は小社出版部宛まで文書か、sales@cutt.co.jp 宛に e-mail でお送りください。電話によるお問い合わせはご遠慮ください。また、本書の内容を超えるご質問にはお答えできませんので、あらかじめご了承ください。

■ 本書の内容の一部あるいは全部を無断で複写複製（コピー・電子入力）することは、法律で認められた場合を除き、著作者および出版者の権利の侵害になりますので、その場合はあらかじめ小社あてに許諾をお求めください。

Cover design Y.Yamaguchi　　　© 2018 日向俊二
Printed in Japan ISBN978-4-87783-447-0